prima.

Latein als 3. Fremdsprache

Ausgabe C

Begleitband

C. C. Buchner

prima.

Latein als 3. Fremdsprache

Herausgegeben von Clement Utz

Der Begleitband **prima** C wurde erarbeitet von Andrea Kammerer und Clement Utz, unter Mitarbeit von Sigrun Leistritz, Silvan Mertens und Doris Visser-Wermuth.

2. Auflage, 4. Druck 2015
Alle Drucke dieser Auflage sind, weil untereinander unverändert, nebeneinander benutzbar.

Dieses Werk folgt der reformierten Rechtschreibung und Zeichensetzung. Ausnahmen bilden Texte, bei denen künstlerische, philologische oder lizenzrechtliche Gründe einer Änderung entgegenstehen.

© 2008 C.C. Buchner Verlag, Bamberg
Das Werk und seine Teile sind urheberrechtlich geschützt. Jede Nutzung in anderen als den gesetzlich zugelassenen Fällen bedarf der vorherigen schriftlichen Einwilligung des Verlages. Das gilt insbesondere auch für Vervielfältigungen, Übersetzungen und Mikroverfilmungen. Hinweis zu § 52a UrhG: Weder das Werk noch seine Teile dürfen ohne eine solche Einwilligung eingescannt und in ein Netzwerk eingestellt werden. Dies gilt auch für Intranets von Schulen und sonstigen Bildungseinrichtungen.

www.ccbuchner.de

Grafik und Satz: Artbox, Bremen
Druck und Bindung: Pustet, Regensburg

ISBN 978-3-7661-**7601**-1

Liebe Schülerinnen und Schüler, liebe Kolleginnen und Kollegen!

In diesem **Begleitband** zum Textband von „prima" haben wir für euch, haben wir für Sie den Wortschatz und die Grammatikstoffe zu den einzelnen Lektionen des Textbandes aufbereitet.

Wir wünschen euch, liebe Schülerinnen und Schüler, dass ihr mit diesem übersichtlich und lernfreundlich angelegten Buch die lateinische Sprache möglichst leicht und gut erlernt. Und wir wünschen Ihnen, liebe Kolleginnen und Kollegen, dass Sie durch die Gestaltung des Begleitbandes wertvolle Hilfen für Ihre Unterrichtsarbeit erhalten und so für die wichtige Arbeit an den Texten Entlastung finden.

Hinweise zur Konzeption und zur Arbeit mit dem Begleitband zu „prima"

a) Wortschatz

Die lateinischen Wörter und Wendungen sind in der Reihenfolge angeordnet, wie sie in den Texten vorkommen. In der Regel sind die folgenden „**grammatischen Eigenschaften**" beigefügt:

- *Genusendungen* bei Adjektiven (z. B. magnus, a, um);
- *Genusangaben* bei Substantiven der 3., der e- und der u-Deklination (z. B. urbs, urbis *f*);
- *Genitive* bei Substantiven der 3., der e- und der u-Deklination (z. B. mons, montis) sowie bei einendigen Adjektiven (z. B. felix, felicis);
- *Stammformen* bei Verben mit „unregelmäßiger" Perfektbildung (als „regelmäßig" gelten das v-Perfekt der ā- und ī-Konjugation sowie das u-Perfekt der ē-Konjugation);
- *Kasusrektionen* und *Verbvalenzen*, die vom Deutschen abweichen (z. B. iubere *m. Akk.*), wichtige *Kollokationen* (z. B. animo deficere) und relevante *Kasusfragen*.

Im Kleindruck erscheinen:
- Vokabeln, die für die Bearbeitung einer Lektion wiederholt werden sollten (vor den Wortschätzen);
- Wendungen mit bereits bekannten Vokabeln (z. B. gratias agere);
- Präsensformen und deutsche Bedeutungen bereits bekannter Verben, deren Stammformen nachgetragen werden (z. B. dare, do, dedi geben);
- lateinische Formen und deutsche Bedeutungen, wenn weitere Bedeutungen nachgetragen werden (z. B. contendere, contendo, contendi behaupten; eilen; sich anstrengen);
- Namen am Ende der Wortschätze (vgl. Eigennamenverzeichnis).

Zur Wortschatzarbeit gibt es immer wieder ergänzende **Lernhilfen**, die auch der Motivation, der Vertiefung und Veranschaulichung dienen, deren Kenntnis jedoch in den Lektionstexten nicht vorausgesetzt wird:
- „Latein lebt": Hinweise zur kulturellen Bedeutung und zum Weiterleben der lateinischen Sprache, insbesondere auch im Französischen;
- „Kontext": kurze, einprägsame lateinische Sätze zu Vokabeln, die unterschiedlich konstruiert werden können oder stark voneinander abweichende Bedeutungen haben;
- „Wortfamilien": Verdeutlichung von Wortbildungselementen und etymologischen Zusammenhängen;
- Sach- und Wortfelder sowie Abbildungen.

b) Grammatik

Die Grammatik wird lektionenbegleitend, entsprechend der Progression der Stoffkapitel im Textband, dargeboten.

Die grammatischen Erläuterungen sind einheitlich gegliedert nach
- **F**: Formenlehre,
- **S**: Syntax und/oder Semantik,
- **T**: Textgrammatik.

Die Darbietung ist konsequent auf das für die Schülerinnen und Schüler Wichtige beschränkt, wobei Leseverstehen und Sprachreflexion als Hauptziele des Unterrichts Auswahl und Umfang bestimmen.

Die sprachlichen Phänomene werden zumeist in induktiver Weise an Beispielsätzen erläutert. Dabei sind die Beispielsätze – soweit es der jeweilige Stoff erlaubt – so konzipiert, dass die Grammatikteile auch vor der Behandlung des Lektionstextes besprochen werden können; sie enthalten, wie auch die G-Teile im Textband, keine neuen Vokabeln.

TIPP!

Gelegentlich werden die grammatischen Erläuterungen und Tabellen durch **Tipps** ergänzt, die auf spezielle Schwierigkeiten aufmerksam machen und Lern- und Verstehenshilfen aus der Sicht des Praktikers geben.

Darüber hinaus sind an einigen Stellen (meist zweiseitige) **Übersichten** eingefügt, die zusammenfassend und systematisierend Tabellarien zu den Deklinations- und Konjugationsformen bieten und so den Benutzern die Ordnung in der Vielfalt lateinischer Formen erleichtern.

Die wichtigsten **Tabellen** befinden sich noch einmal auf S. 128 ff.

Zu **Obligatorik und Freiraum** bei der Arbeit mit dem Lehrwerk vgl. das Vorwort des Textbandes, S. 4.

Treffpunkte im alten Rom

1	W	....	11
	F	1) Substantive: Nominativ und Vokativ	12
		2) Verben: Infinitiv Präsens und 3. Person Präsens	
		(a-, e-, i-, kons. Konjungation, esse)	13
	S	1) Subjekt und Prädikat	14
		2) Substantiv als Prädikatsnomen	14
2	W	....	15
	F	Substantive: Akkusativ	16
	S	1) Akkusativ als Objekt	16
		2) Präpositionalausdruck als Adverbiale	16
3	W	....	17
	F	Substantive: Ablativ	18
	S	1) Ablativ als Adverbiale: Ablativ des Mittels	18
		2) Verwendung der Präpositionen	18
4	W	....	19
	F	Verben: 1. und 2. Person Präsens	20
	S	Ablativ als Adverbiale: Ablativ des Grundes	20

Römisches Alltagsleben

5	W	....	21
	F	1) Verben: Imperativ	22
		2) Verben: velle, nolle	22
		3) Substantive der o-Deklination auf -er	22
	S	Verwendung von noli(te)	22

Übersicht: Verben (Konjugation) — 23

6	W	....	25
	F	Substantive: Genitiv	26
	S	Genitiv als Attribut: Genitiv der Zugehörigkeit	26
7	W	....	27
	F	1) Substantive: Dativ	28
		2) Substantive der 3. Deklination: Neutra	28
		3) Substantive der 3. Deklination: Wortstamm	28
	S	1) Dativ als Objekt	29
		2) Dativ als Prädikatsnomen: Dativ des Besitzers	29

Übersicht: Substantive (Deklination) — 30

8	W	....	31
	F	1) Personalpronomen	32
		2) Verben: Konsonantische Konjugation (ĭ-Erweiterung)	32
	extra	3) Substantive der 3. Deklination: Genera	32
	S	Personalpronomen: Verwendung	33

Aus der Geschichte Roms

9	W		34
	F	1) Verben: Perfekt	35
		2) Perfektbildung: v-/u-Perfekt	35
		3) Verben: posse	35
	S	Verwendung des Perfekts	35
10	W		36
	F	Adjektive der a- und o-Deklination	37
	S	1) Adjektive: KNG-Kongruenz	37
		2) Adjektiv als Attribut	38
		3) Adjektiv als Prädikatsnomen	38
		4) Adjektiv und Substantiv als Prädikativum	39
11	W		40
	F	Perfektbildung: s-, Dehnungs-, Reduplikationsperfekt, Perfekt ohne Stammveränderung	42
12	W		43
	F	Relativpronomen	44
	S	Relativsatz als Attribut	44
	T	Relativer Satzanschluss	45
13	W		46
	F	1) Pronomen is	47
		2) Adjektive der 3. Deklination (dreiendige)	48
	S	1) Pronomen is: Verwendung	49
		2) Gliedsätze: Sinnrichtungen der Adverbialsätze	49

Abenteuerliche Reisen

14	W		50
	F	Verben: Infinitiv Perfekt	51
	S	Akkusativ mit Infinitiv (AcI)	51
15	W		53
	F	Reflexivpronomen	54
	S	1) Pronomina im AcI	54
		2) Ablativ als Adverbiale: Ablativ der Zeit	54
16	W		55
	F	1) Verben: Imperfekt	56
		2) Verben: ire	56
	S	Verwendung des Imperfekts	57
	T	Tempora in erzählenden Texten	57
17	W		58
	F	1) Interrogativpronomen	59
		2) Adjektive der 3. Deklination (ein- und zweiendige)	59
	S	Wort- und Satzfragen	60

Der Mensch und die Götter

18	W	....	61
	F	1) Verben: Plusquamperfekt..	62
		2) Adverbbildung..	62
	S	1) Verwendung des Plusquamperfekts............................	62
		2) Adverb als Adverbiale..	63
19	W	....	64
	F	Verben: Futur...	65
	S	Verwendung des Futurs...	65

Übersicht: Verben (Tempora im Aktiv) — 66

20	W	....	68
	F	Verben: Passiv (Präsens, Imperfekt, Futur)......................	69
	S	Verwendung des Passivs..	70
21	W	....	71
	F	1) Verben: Partizip Perfekt Passiv (PPP).........................	72
		2) Verben: Passiv (Perfekt, Plusquamperfekt)................	73
	S	1) Verwendung des Partizip Perfekt Passiv....................	73
		2) Verwendung des Passivs (Perfekt, Plusquamperfekt)	74
22	W	....	75
	F	Demonstrativpronomina: hic, ille, iste...........................	76
	S	Demonstrativpronomina hic, ille, iste: Verwendung.....	76

Übersicht: Verben (Tempora im Passiv) — 77

Die Griechen erklären die Welt

23	W	....	78
	F	Partizip Präsens Aktiv (PPA)...	79
	S	1) Verwendung des Partizip Präsens Aktiv.....................	79
		2) Partizip als Adverbiale (Überblick).............................	80
24	W	....	82
	F	1) Verben: Deponentien..	83
		2) Pronomen ipse..	84
extra	S	1) Partizip Perfekt der Deponentien: Verwendung.......	84
		2) Pronomen ipse: Verwendung.....................................	85
25	W	....	86
	F	1) Substantive: u-Deklination..	87
		2) Substantive: e-Deklination..	87
	S	Genitivus subiectivus/obiectivus.....................................	87
26	W	....	88
	S	Ablativus absolutus (1)..	89
27	W	....	90
extra	F	Pronomen idem..	91
	S	1) Ablativus absolutus (2)..	91
		2) Ablativus absolutus (3)..	92

Übersicht: Substantive (alle Deklinationsklassen) — 93

Die Wunderprovinz Kleinasien

28	W		94
	F	1) Adjektive: Steigerung	96
		2) Adverbien: Steigerung	96
	S	1) Verwendung der Steigerungsformen	97
		2) Vergleich mit **quam**/Ablativ des Vergleichs	97
	extra 3)	Doppelter Akkusativ	97
29	W		98
extra	F	Indefinitpronomen: (ali)quis	99
	S	1) Genitiv als Prädikatsnomen: Genitiv der Zugehörigkeit	99
	extra 2)	Genitiv als Attribut: Genitivus partitivus	100
30	W		101
	F	Verben: **ferre**	102
extra	S	1) Ablativ als Prädikatsnomen/Attribut: Ablativ der Beschaffenheit	102
		2) Genitiv als Attribut: Genitiv der Beschaffenheit	103
		3) Dativ als Prädikatsnomen: Dativ des Zwecks	103
	extra 4)	Dativ als Adverbiale: Dativ des Vorteils	103

Die Römer in Gallien und Germanien

31	W		104
	F	Verben: Konjunktiv Imperfekt und Plusquamperfekt	105
	S	Konjunktiv als Irrealis	106
32	W		107
	F	1) nd-Formen: Gerundium	108
		2) nd-Formen: Gerundiv(um)	108
	S	1) Verwendung des Gerundiums	109
		2) Verwendung des Gerundivums: attributiv	110
33	W		111
	F	Verben: Konjunktiv Präsens und Perfekt	112
	S	1) Gliedsätze als Objekt: Begehrsätze, Indirekte Fragesätze	113
		2) Gliedsätze als Adverbiale: Konsekutivsätze, Finalsätze	114
	extra 3)	Gliedsätze als Adverbiale (Übersicht)	114
34	W		116
	F	1) Partizip Futur Aktiv (PFA)	117
		2) Infinitiv Futur Aktiv	117
	S	1) Verwendung des Partizip Futur Aktiv	117
		2) Verwendung des Infinitiv Futur Aktiv	118
		3) Konjunktiv im Hauptsatz: Hortativ, Jussiv, Optativ, Prohibitiv	118

Übersicht: Verben (Konjunktiv im Aktiv und Passiv)   120

Latein an der Schwelle zur Neuzeit

35 W	....	122
extra F	Verben: fieri.	123
extra S	1) Verwendung von fieri	123
	2) Verwendung des Gerundivs: prädikativ.	124
Übersicht: Satzglieder und Füllungsarten		**125**

Abkürzungsverzeichnis 127
Tabellarium. 128
Grammatisches Register 136

W

amīcus	Freund	f. ami
amīca	Freundin	f. amie
esse, est	sein	Essenz, essenziell
et	und, auch	f. et
sunt	sie sind	f. sont
clāmāre, clāmat	laut rufen, schreien	Re-klame, re-klamieren
templum	Tempel	e. temple
basilica	Basilika, Halle	
circus	Zirkus, Rennbahn	Zirkus
hodiē *Adv.*	heute	
nam	denn, nämlich	
lūdus	Spiel, Wettkampf; Schule	
ibī	dort	
sed	aber, sondern	
ubī?	wo?	f. où
diū *Adv.*	lange Zeit	
exspectāre, exspectat	warten, erwarten	e. to expect
tum	da, damals, darauf, dann	
gaudēre, gaudet	sich freuen	
tandem	endlich	
venīre, venit	kommen	
salvē!	sei gegrüßt!	
rogāre, rogat	bitten, erbitten, fragen	
circumspectāre, circumspectat	umherschauen	
salvēte!	seid gegrüßt!	
etiam	auch, sogar	
subitō	plötzlich	
populus	Volk	Pöbel, Population, e. population
avē!	sei gegrüßt!	
advenīre, advenit	ankommen	Advent
nunc *Adv.*	jetzt, nun	e. now
tacēre, tacet	schweigen	
porta	Tor	Pforte, Portal
patēre, patet	offenstehen, sich erstrecken	Patent
equus	Pferd	
accēdere, accēdit	herbeikommen, hinzukommen	e. access
sīgnum	Merkmal, Zeichen; Statue	Signal
dare, dat	geben	Datum, Daten, Dativ
currere, currit	eilen, laufen	Kurier, Curriculum
victor *m*	Sieger	Viktor, e. victor
ecce	schau/schaut, sieh da/seht da!	

Fortsetzung →

praemium	Belohnung, Lohn, (Sieges-)Preis	*Prämie, e. premium*
Aulus	Aulus (männlicher Eigenname)	
Gāius	Gaius (männlicher Eigenname)	
Lūcius	Lucius (männlicher Eigenname)	
Atia	Atia (weiblicher Eigenname)	
Antōnia	Antonia (weiblicher Eigenname)	
praetor	Prätor (röm. Beamter)	
Mārcus Aquīlius Flōrus	Marcus Aquilius Florus (männlicher Eigenname, bestehend aus **praenomen** – Vorname, **nomen gentile** – Familienname und **cognomen** – Beiname)	
Syrus	Syrus (männlicher Eigenname)	

F ❶ Substantive: Nominativ und Vokativ

a) Lateinische **Substantive** (Hauptwörter) können wie deutsche **dekliniert** (gebeugt),
d. h. in verschiedene **Kasus** (Fälle) des **Singulars** (der Einzahl) und des **Plurals** (der Mehrzahl) gesetzt werden,
z. B. der Sklave, des Sklaven, usw.
Der Wortschatz enthält Substantive in der Regel im **Nominativ** (1. Fall) Singular.

b) Im Deutschen und Lateinischen gibt es verschiedene **Deklinationsklassen**,
d. h. verschiedene Arten, Substantive zu deklinieren,
z. B. der Senator, des Senators usw.,
    der Sklave, des Sklaven usw.

Wir unterscheiden im Lateinischen zunächst vier verschiedene Arten von Substantiven, von denen zwei der gleichen Deklinationsklasse angehören:

port-a	1. oder a-Deklination
amīc-us	2. oder o-Deklination
praemi-um	2. oder o-Deklination
victor	3. Deklination (Mischdeklination)

c) Wie im Deutschen gibt es auch im Lateinischen drei verschiedene **Genera** (grammatische Geschlechter):

masculīnum	*(m)*	männlich
feminīnum	*(f)*	weiblich
neutrum	*(n)*	sächlich

Das Genus (das grammatische Geschlecht) eines lateinischen Wortes kann mit dem des entsprechenden deutschen Wortes übereinstimmen oder davon abweichen:

	amīcus	*(m)*	der/ein Freund	*(m)*
	victor	*(m)*	der/ein Sieger	*(m)*
aber:	praemium	*(n)*	die/eine Belohnung, der/ein Lohn	*(m)*

Im Deutschen erkennt man das Geschlecht am Artikel.
Im Lateinischen gibt es keinen Artikel; man kann das Geschlecht oft an der Endung des Substantivs ablesen.

d)

	Sg.		Pl.		
Nom.	porta	das/ein Tor	port-ae	(die) Tore	a-Deklination
Nom.	amīcus	der/ein Freund	amīc-ī	(die) Freunde	o-Deklination *m*
Nom.	praemium	die/eine Belohnung	praemi-a	(die) Belohnungen	o-Deklination *n*
Nom.	victor	der/ein Sieger	victōr-ēs	(die) Sieger	3. Deklination

Wie du an den Beispielen in der Tabelle siehst, kannst du im Lateinischen an den Endungen den Kasus und den **Numerus** (Singular bzw. Plural) erkennen.

TIPP!

praemia   die Belohnungen (zu praemium)
porta   das Tor

Da die Endung -a sowohl im Plural der o-Deklination *(n)* als auch im Singular der a-Deklination vorkommt, kannst du eine solche Form nur richtig erfassen, wenn du weißt, wie das Wort im Nominativ Singular heißt.

e) Salve, praetor!   Salvete, Aule et Gai!
   Sei gegrüßt, Prätor!   Seid gegrüßt, Aulus und Gajus!

Im Lateinischen gibt es den **Vokativ** (5. Fall), einen eigenen **Kasus**, um jemanden anzureden. Die Formen sind im Allgemeinen denen des Nominativs gleich.
Ausnahmen: Bei Substantiven der o-Deklination auf -us hat der Vokativ Singular die Endung -e ,
bei solchen auf -ius endet er meist auf -i .
In den Deklinationstabellen wird der Vokativ nicht eigens angeführt.

❷ Verben: Infinitiv Präsens und 3. Person Präsens

a) Lateinische und deutsche **Verben** (Zeitwörter) können **konjugiert** (gebeugt) werden,
z. B. ich rufe, du rufst, er (sie, es) ruft usw.

Der Wortschatz enthält jeweils den **Infinitiv** (die Grundform) **Präsens** (Gegenwart) sowie zunächst die 3. Person Präsens Singular.

b) Wir unterscheiden im Lateinischen vier verschiedene **Konjugationsklassen**,
d. h. verschiedene Arten, Verben zu konjugieren.
Sie sind nach den Lauten benannt, auf die der **Wortstamm** endet:

clāmā-re	(zu) schreien	ā-Konjugation
tacē-re	(zu) schweigen	ē-Konjugation
venī-re	(zu) kommen	ī-Konjugation
accēd-ĕ-re	herbei(zu)kommen	konsonantische Konjugation

Das -e- zwischen Wortstamm und Endung beim Infinitiv der konsonantischen Konjugation ist ein zusätzlich eingefügter Bindevokal, der kurz gesprochen wird.

Der Infinitiv Präsens endet in allen Konjugationsklassen auf -re .
Die Formen des Hilfsverbs (**es-se**) gehören keiner dieser Klassen an.

c)

	Sg.		Pl.		
3. Pers.	clāma-t	er (sie, es) schreit	clāma-nt	sie schreien	ā-Konjugation
3. Pers.	tace-t	er (sie, es) schweigt	tace-nt	sie schweigen	ē-Konjugation
3. Pers	veni-t	er (sie, es) kommt	veni-u-nt	sie kommen	ī-Konjugation
3. Pers	acced-i-t	er (sie, es) kommt herbei	acced-u-nt	sie kommen herbei	kons. Konjugation
3. Pers.	es-t	er (sie, es) ist	s-u-nt	sie sind	Hilfsverb

Person und Numerus (Singular bzw. Plural) sind im Lateinischen an der Personalendung zu erkennen. Die 3. Person Singular endet in allen Konjugationsklassen auf -t , die 3. Person Plural auf -nt .

Auch das –i- bzw. -u- vor den Endungen der 3. Person der ī- und der kons. Konjugation ist ein Bindevokal.

❶ Subjekt und Prädikat

Amicus	tacet.	Amici	tacent.
Der Freund	schweigt.	Die Freunde	schweigen.

Der einfache Satz besteht wie im Deutschen aus zwei Satzgliedern, nämlich aus **Subjekt** (Satzgegenstand) und **Prädikat** (Satzaussage). Der Aufbau eines Satzes kann in einem Satzmodell dargestellt werden:

Nach dem Subjekt fragen wir „wer oder was?",
nach dem Prädikat „was wird ausgesagt?".
Wie im Deutschen und Englischen richtet sich das
Prädikat im Numerus nach dem Subjekt.
Diese Übereinstimmung nennt man **Kongruenz**.

Subjekt	Prädikat
Amicus	tacet
Amici	tacent

❷ Substantiv als Prädikatsnomen

Syrus victor est.
Syrus ist Sieger.
Syrus is the winner.

Im Lateinischen kann das Prädikat aus einer Form des Hilfsverbs **esse** und einem Substantiv im Nominativ, dem **Prädikatsnomen**, bestehen.
Diese Konstruktion ist auch im Deutschen und Englischen üblich.

Subjekt	Prädikat
Syrus	est
	victor (Präd. nom.)

Viele **lateinische Wörter und Formen** kommen dir aus dem Französischen bekannt vor:

porta	f. porte	esse	f. être
amicus	f. ami	est	f. est
		sunt	f. sont

LATEIN LEBT

W

ad *m. Akk.*	an, bei, nach, zu	*e. at*
per *m. Akk.*	durch, hindurch	
forum	Marktplatz, Forum, Öffentlichkeit	*Forum, e. forum*
petere, petit	(auf)suchen, (er)streben, bitten, verlangen	*Petition*
intrāre, intrat	betreten, eintreten	*entern, e. to enter*
properāre, properat	eilen, sich beeilen	
mercātor, mercātōrem *m*	Kaufmann, Händler	
bēstia	Tier	*f. bête*
vendere, vendit	verkaufen	*f. vendre*
ante *m. Akk.*	vor	
taberna	Laden, Werkstatt, Gasthaus	*Taverne*
stāre, stat	stehen	*e. to stay*
vidēre, videt	sehen, darauf achten	*Video, re-vidieren, e-vident, wissen, e. (to) view*
adesse, adest	da sein	
audīre, audit	hören	*Audienz, Auditorium, „Audi"*
rīdēre, ridet	lachen, auslachen	*f. rire*
statim *Adv.*	auf der Stelle, sofort	
in *m. Akk.*	in (... hinein), nach (... hin); gegen *(wohin?)*	*e. into*
contendere, contendit	eilen, sich anstrengen	
spectāre, spectat	betrachten, hinsehen	*Spektakel*
mulier, mulierem *f*	Frau	
salūtāre, salūtat	grüßen	*f. salut!*
respondēre, respondet	antworten, entsprechen	*Kor-respondenz, e. to respond*
quid?	was?	
quis?	wer?	
mōnstrāre, mōnstrat	zeigen	*Monstranz, De-monstration, f. montrer*
hīc	hier	
autem	aber, andererseits	
clāmor, clāmōrem *m*	Geschrei, Lärm	*Klamauk*
tollere, tollit	aufheben, in die Höhe heben; wegnehmen	
itaque *Adv.*	deshalb	
nōn	nicht	*e. no*
iam *Adv.*	nun, schon	
nōn iam *Adv.*	nicht mehr	
relinquere, relinquit	unbeachtet lassen, verlassen, zurücklassen	*Relikt, Reliquie*
apud *m. Akk.*	bei, nahe bei	
iterum *Adv.*	wiederum	*iterativ*
Rutīlius	Rutilius (männlicher Eigenname)	
basilica Iūlia	Basilika Julia (Halle, die von der Familie der Julier errichtet wurde)	

F Substantive: Akkusativ (4. Fall)

	Sg.		Pl.		
Akk.	port-am	das/ein Tor	port-ās	(die) Tore	a-Deklination
Akk.	amīc-um	den/einen Freund	amīc-ōs	(die) Freunde	o-Deklination *m*
Akk.	praemi-um	die/eine Belohnung	praemi-a	(die) Belohnungen	o-Deklination *n*
Akk.	victōr-em	den/einen Sieger	victōr-ēs	(die) Sieger	3. Deklination

Bei den Neutra sind die Formen des Nominativs und des Akkusativs gleich. Sie enden im Singular auf -um, im Plural auf -a.

S ① Akkusativ als Objekt

Populus victorem exspectat.
Das Volk erwartet den Sieger.

Der Akkusativ hat wie im Deutschen und Englischen die Satzgliedfunktion des Objektes. Er gibt die Person oder Sache an, auf die die Handlung unmittelbar gerichtet ist oder einwirkt. Objekte hängen vom Prädikat ab und ergänzen es.
Nach dem **Akkusativobjekt** fragen wir „wen oder was?".

Verben, die ein Akkusativobjekt nach sich haben können, heißen „transitive" Verben, die anderen Verben nennt man „intransitiv".

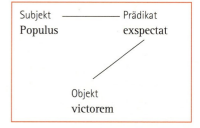

② Präpositionalausdruck als Adverbiale

Victor ad portam venit.
Der Sieger kommt zum Tor.

Ein Satz kann neben den Satzgliedern Subjekt, Prädikat und Objekt noch weitere Angaben enthalten, die z. B. über Ort, Zeit oder Grund des Geschehens informieren.
Eine solche zusätzliche Angabe nennt man **Adverbiale** (Umstandsbestimmung). Das Adverbiale hängt vom Prädikat ab und erläutert es.
Hier steht ein Präpositionalausdruck (**ad portam**) als Adverbiale.
Der **Präpositionalausdruck** besteht aus einer Präposition (einem Verhältniswort) und einem Substantiv (hier: im Akkusativ).
Als Adverbiale kann auch ein einfaches Adverb (z. B. ibi, nunc, subito) vorkommen.

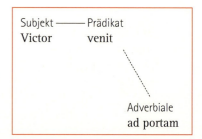

3

Latein	Deutsch	Weitere Sprachen
in *m. Abl.*	in, an, auf, bei *(wo?)*	e. in, f. en
cum *m. Abl.*	mit, zusammen mit	
thermae, thermās	Thermen, Badeanlage	
cūr?	warum?	
neque	und nicht, auch nicht, nicht einmal	
semper *Adv.*	immer	
dē *m. Abl.*	von, von … her, von … herab; über	
cōgitāre, cōgitat	denken, beabsichtigen	
cōgitāre dē *m. Abl.*	denken an	
amāre, amat	lieben, gernhaben	Amateur, f. aimer
dōnum	Geschenk	
dēlectāre, dēlectat	erfreuen, unterhalten	
vult	er, sie, es will	
complēre, complet	anfüllen, erfüllen	komplett, Komplement, e. to complete
turba	Menschenmenge, Lärm, Verwirrung	Trubel, Turbine, turbulent, e. trouble
senex, senem *m*	Greis, alter Mann	Senior, senil
vīnum	Wein	e. wine, f. vin
sūmere, sūmit	nehmen	kon-sumieren, Kon-sum
prō *m. Abl.*	anstelle von, für	pro-
pecūnia	Geld, Vermögen	
fūr, fūrem *m*	Dieb	
tantum *(nachgestellt)*	nur	
vestis, vestem *f*	Kleid, Kleidung	Weste
dēpōnere, dēpōnit	ablegen, niederlegen, aufgeben	deponieren, Depot
prīmō *Adv.*	zuerst	
deinde *Adv.*	dann, darauf	
dēnique *Adv.*	schließlich, zuletzt	
adulēscēns, adulēscentem *m*	junger Mann	Adoleszenz
pila	Ball	
lūdere, lūdit	spielen	
tamen	dennoch, jedoch	
dubitāre, dubitat *(m. Inf.)*	zögern	e. to doubt
habēre, habet	haben; halten	Habit, e. to have
sī *Subj.*	falls, wenn	
tē *Akk.*	dich	f. te
sine *m. Abl.*	ohne	
Quīntus	Quintus (männlicher Eigenname)	

F Substantive: Ablativ (6. Fall)

	Sg.		Pl.	
Abl.	(cum)	amīc-ā	amīc-īs	a-Deklination
Abl.	(cum)	amīc-ō	amīc-īs	o-Deklination *m*
Abl.	(in)	for-ō	for-īs	o-Deklination *n*
Abl.	(cum)	victor-e	victor-ibus	3. Deklination

Der **Ablativ** ist ein lateinischer Kasus (Fall), den es im Deutschen nicht gibt.
Der Ablativ ist außerordentlich wichtig, da er häufig und in unterschiedlicher Verwendung vorkommt.
Oft tritt er in Verbindung mit einer Präposition (einem Verhältniswort) auf.
Ist das -a Ablativendung, so wird es lang gesprochen.

Zunächst findest du deshalb einen Querstrich als Längenzeichen darüber. Im Allgemeinen ist die Ablativendung -a aber im Druck nicht von der Nominativendung zu unterscheiden.

S

❶ Ablativ als Adverbiale: Ablativ des Mittels

Populus circum clamore complet.
Das Volk erfüllt den Zirkus mit Geschrei.

Der Ablativ kommt hauptsächlich in der Satzgliedfunktion des Adverbiales vor. Als Ablativ des Mittels (Ablativus instrumentalis) gibt er an, womit etwas getan wird.
Wir fragen „womit?" oder „wodurch?".
Im Deutschen muss man eine passende Präposition (ein Verhältniswort) einsetzen, z. B. 'mit' oder 'durch'.

❷ Verwendung der Präpositionen

ad amicum	zum Freund
cum amicā	(zusammen) mit der Freundin
de foro	vom Marktplatz (her)

Nach einer **Präposition** (einem Verhältniswort) steht im Lateinischen ein bestimmter Kasus, nämlich der Akkusativ oder der Ablativ. Welcher Kasus jeweils steht, musst du im Wortschatz mitlernen. Nach einer Präposition entfällt also das „Abfragen".

in basilicam	in die Basilika	*(wohin?)*
in basilicā	in der Basilika	*(wo?)*

Ausnahme: Bei der Präposition **in** gibt der Akkusativ die Richtung an (Frage: *wohin?*), der Ablativ den Ort (Frage: *wo?*).

Das gleiche **Wort** in **fünf Sprachen**:				
vestis	– f. veste	– i. veste	– e. vest	– dt. Weste
vinum	– f. vin	– i. vino	– e. wine	– dt. Wein

4

properāre	eilen, sich beeilen	accēdere	herbeikommen, hinzukommen
contendere	eilen; sich anstrengen	tandem	endlich
petere	(auf)suchen, (er)streben, bitten, verlangen	nōn iam	nicht mehr

undique *Adv.*	von allen Seiten	
modo *Adv.*	eben (noch)	
via	Straße, Weg	*Viadukt*
quō	wie, wo, wohin	
cōnsistere, cōnsistō	Halt machen, sich aufstellen	*Konsistenz, e. to consist*
nūntius	Bote; Nachricht	*Nuntius*
cūria	Kurie, Rathaus	
victōria	Sieg	*e. victory, f. victoire*
nūntiāre, nūntiō	melden	*de-nunzieren, e. to announce*
pervenīre, perveniō ad/in *m. Akk.*	kommen zu/nach	
senātor, senātōrem *m*	Senator	
ē/ex *m. Abl.*	aus, von ... her	
repente *Adv.*	plötzlich	
cōnsul, cōnsulem *m*	Konsul	*Konsulat, e./f. consul*
palam *Adv.*	bekannt, in aller Öffentlichkeit	
gaudēre, gaudeō *m. Abl.*	sich freuen über etw.	
licet	es ist erlaubt, es ist möglich	*Lizenz*
quod *Subj. m. Ind.*	dass, weil	
iniūria	Beleidigung, Unrecht, Gewalttat	*e. injury*
dolēre, doleō *(m. Abl.)*	schmerzen; bedauern, Schmerz empfinden (über etw.)	
barbarus	Ausländer, 'Barbar'	*e. barbarian*
pūgnāre, pūgnō	kämpfen	
patria	Heimat	*patriotisch, f. patrie*
arma, arma *n Pl.*	Waffen, Gerät	*Armee, Armatur, e. army*
dēfendere, dēfendō	abwehren, verteidigen, schützen	*defensiv, e. to defend*
deus	Gott, Gottheit	*„ade", „adieu"*
laudāre, laudō	loben	*Laudatio*
-que	und	
colere, colō	bewirtschaften, pflegen; verehren	*kultivieren, Kultur*
dēbēre, dēbeō	müssen, sollen; schulden	*Debitor*
perīculum	Gefahr	
vīvere, vīvō	leben	*f. vivre*
M. Aquīlius	Marcus Aquilius (männlicher Eigenname, bestehend aus **praenomen** und **nomen gentile**)	
C. Servīlius	Gaius Servilius (männlicher Eigenname, bestehend aus **praenomen** und **nomen gentile**)	

F **Verben: 1. und 2. Person Präsens**

	Sg.		Pl.		
1. Pers.	clām-ō	ich schreie	clāmā-mus	wir schreien	ā-Konjugation
1. Pers.	rīde-ō	ich lache	rīdē-mus	wir lachen	ē-Konjugation
1. Pers.	venī-ō	ich komme	venī-mus	wir kommen	ī-Konjugation
1. Pers.	curr-ō	ich laufe	curr-i-mus	wir laufen	kons. Konjug.
1. Pers.	s-u-m	ich bin	s-u-mus	wir sind	Hilfsverb

(clamo aus clama-o)

	Sg.		Pl.		
2. Pers.	clāmā-s	du schreist	clāmā-tis	ihr schreit	ā-Konjugation
2. Pers.	rīdē-s	du lachst	rīdē-tis	ihr lacht	ē-Konjugation
2. Pers.	venī-s	du kommst	venī-tis	ihr kommt	ī-Konjugation
2. Pers.	curr-i-s	du läufst	curr-i-tis	ihr lauft	kons. Konjug.
2. Pers.	es	du bist	es-tis	ihr seid	Hilfsverb

Vollständige Tabellen befinden sich im Tabellarium, S. 130.

S **Ablativ als Adverbiale: Ablativ des Grundes**

Amicus dono gaudet.
Der Freund freut sich über das Geschenk.

Nach Verben wie **gaudere** gibt der Ablativ den Grund an (Ablativus causae).
Wir fragen „worüber?" oder „weshalb?".

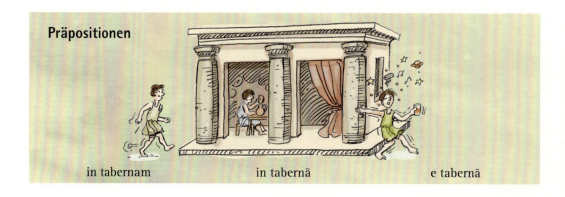

Präpositionen

in tabernam — in tabernā — e tabernā

W 5

iam	schon	currere	eilen, laufen
diū	lange Zeit	cum	mit, zusammen mit
vendere	verkaufen	sūmere	nehmen

puer, puerum	Junge	
velle, volō	wollen	*Volontär*
nōlle, nōlō	nicht wollen	*„nolens volens"*
servus	Sklave	
vocāre, vocō	rufen, nennen	*Vokal, Vokativ*
sacrum	Opfer, Heiligtum	*Sakrament*
convīvium	Gastmahl, Gelage	
parāre, parō	bereiten, vorbereiten; vorhaben; erwerben	*parat, Apparat, präparieren, reparieren, separat*
emere, emō	kaufen	
iubēre, iubeō *m. Akk*	anordnen, befehlen	*Jussiv*
serva	Sklavin	
mēnsa	Tisch	
ōrnāre, ōrnō	schmücken	*Ornat, Ornament, e. to adorn*
adesse, adsum	dasein; helfen	
paulō *Adv.*	(um) ein wenig	
post *Adv.*	danach, später	
paulō post	kurz darauf	
aedēs, aedēs *f Pl.*	Haus, Gebäude	
domina	Herrin	
līberī, līberōs *Pl.*	Kinder	
circiter *Adv.*	ungefähr	
vīgintī *indekl.*	zwanzig	*f. vingt*
portāre, portō	tragen, bringen	*Porto, transportieren*
advocāre, advocō	herbeirufen	*Advokat*
nōn-ne *(im dir. Fragesatz)*	nicht?	
toga	Toga (Kleidungsstück des römischen Mannes)	
ostendere, ostendō	zeigen, darlegen	*ostentativ, e. ostentation*
auxilium	Hilfe	
praebēre, praebeō	geben, hinhalten	
libenter	gern	
togam sūmere	die Toga anlegen	
māter, mātrem *f*	Mutter	*e. mother*
interrogāre, interrogō	fragen	*Interrogativpronomen*
-ne *(angehängt)*	(unübersetzte Fragepartikel)	
dīcere, dīcō	sagen, sprechen	*dichten, diktieren*
gerere, gerō	ausführen, führen, tragen	*Geste, gestikulieren*
vir, virum	Mann	
Rōmānī, ōs	(die) Römer	

F

① Verben: Imperativ (Befehlsform)

Sg.		Pl.		
properā	beeile dich!	properā-te	beeilt euch!	ā-Konjugation
tacē	schweige!	tacē-te	schweigt!	ē-Konjugation
venī	komm!	venī-te	kommt!	ī-Konjugation
accēde	komm her!	accēd-i-te	kommt her!	kons. Konjug.
es	sei!	es-te	seid!	Hilfsverb

② Verben: velle, nolle

a) velle wollen

	Präsens	
	Sg.	Pl.
1. Pers.	volō	volumus
2. Pers.	vīs	vultis
3. Pers.	vult	volunt

b) nōlle nicht wollen

	Präsens	
	Sg.	Pl.
1. Pers.	nōlō	nōlumus
2. Pers.	nōn vīs	nōn vultis
3. Pers.	nōn vult	nōlunt

(nolo aus ne-volo)

③ Substantive der o-Deklination auf -er

	Sg.		Pl.	
Nom.	puer	der Junge	puer-ī	die Jungen
Akk.	puer-um	den Jungen	puer-ōs	die Jungen

Die Deklinationsformen der Substantive auf -er sind außer im Nom./Vok. Sg. denen der Substantive auf -us gleich. Ihr Geschlecht ist maskulin.

S

Verwendung von noli(te)

Noli clamare!	Nolite clamare!
Schreie nicht!	Schreit nicht!

Die Imperative noli! (Sg.) und nolite! (Pl.) mit einem folgenden Infinitiv drücken einen verneinten Befehl (Prohibitiv) aus.

KONTEXT

Domina convivium parare vult.	Die Herrin will ein Gastmahl vorbereiten.
Turba tacere debet.	Die Menschenmenge muss schweigen.
Senator intrare dubitat.	Der Senator zögert einzutreten.
Tabernas intrare licet.	Es ist möglich, die Läden zu betreten. (Man kann … betreten.)

Übersicht: Verben (Konjugation)

Die folgende Übersicht zeigt alle bereits bekannten Verbformen nach Konjugationsklassen geordnet:

ā-Konjugation

Infinitiv vocā-re rufen

Präsens	Sg.		Pl.	
1. Pers.	voc-ō	ich rufe	vocā-mus	wir rufen
2. Pers.	vocā-s	du rufst	vocā-tis	ihr ruft
3. Pers.	voca-t	er (sie, es) ruft	voca-nt	sie rufen

Imperativ vocā rufe! vocā-te ruft!

ē-Konjugation

Infinitiv vidē-re sehen

Präsens	Sg.		Pl.	
1. Pers.	vide-ō	ich sehe	vidē-mus	wir sehen
2. Pers.	vidē-s	du siehst	vidē-tis	ihr seht
3. Pers.	vide-t	er (sie, es) sieht	vide-nt	sie sehen

Imperativ vidē sieh! vidē-te seht!

ī-Konjugation

Infinitiv audī-re hören

Präsens	Sg.		Pl.	
1. Pers.	audi-ō	ich höre	audī-mus	wir hören
2. Pers.	audī-s	du hörst	audī-tis	ihr hört
3. Pers.	audi-t	er (sie, es) hört	audi-u-nt	sie hören

Imperativ audī höre! audī-te hört!

Konsonantische Konjugation

Infinitiv curr-ĕ-re laufen

Präsens	Sg.		Pl.	
1. Pers.	curr-ō	ich laufe	curr-i-mus	wir laufen
2. Pers.	curr-i-s	du läufst	curr-i-tis	ihr lauft
3. Pers.	curr-i-t	er (sie, es) läuft	curr-u-nt	sie laufen

Imperativ curr-e lauf! curr-i-te lauft!

Hilfsverb

Infinitiv es-se sein

Präsens	Sg.		Pl.	
1. Pers.	s-u-m	ich bin	s-u-mus	wir sind
2. Pers.	es	du bist	es-tis	ihr seid
3. Pers.	es-t	er (sie, es) ist	s-u-nt	sie sind

Imperativ es sei! es-te seid!

LATEIN LEBT

Vergleiche die Formen von f. être mit denen von esse:

	Sg.	Pl.
1. Pers.	je suis	nous sommes
2. Pers.	tu es	vous êtes
3. Pers.	il est	ils sont

WORTBILDUNG

Vergleiche:	amic-a	serv-a	domin-a
	amic-us	serv-us	?

Das lateinische Wort für „Herr" kannst du nun selbst bilden.

Vergleiche:	venire	vocare	esse
	advenire	advocare	adesse

Was bedeutet dann accurrere (aus: ad-currere)?

6

hodiē	heute	tum	dann
contendere	eilen, sich anstrengen	emere	kaufen
ubī?	wo?	dēnique	schließlich, zuletzt
prīmō	zuerst	dēbēre	müssen, schulden

familia	Familie, Hausgemeinschaft	*e. family, f. famille*
negōtium	Aufgabe, Geschäft, Angelegenheit	
agere, agō	handeln, treiben, verhandeln	*Akte, Aktie, aktiv, aktuell, re-agieren*
negōtia agere	Geschäfte betreiben	
comparāre, comparō	vergleichen	*Komparativ, e. to compare, f. comparer*
attingere, attingō	berühren	*e. to attain*
probāre, probō	beweisen, für gut befinden	*probieren*
bibere, bibō	trinken	*f. boire*
domum *Adv.*	nach Hause	
fīlius	Sohn	
mōns, montis *m (Gen. Pl.* -ium*)*	Berg	*Mount Everest, e. mount(ain)*
dominus	Herr	*dominant, Dominanz, Don Carlos*
dūcere, dūcō	führen, ziehen	*Aquä-dukt*
iter, itineris *n*	Reise, Weg, Marsch	
forte *Adv.*	zufällig	
dīligere, dīligō	hoch achten, lieben	
ergō *Adv.*	also	
poena	Strafe	*Pein, e. penalty*
pater, patris *m*	Vater	*Pater, Patrizier, e. father, f. père*
pater familias	Familienoberhaupt	
timēre, timeō	Angst haben, fürchten	
labōrāre, labōrō	arbeiten	*Laboratorium, Labour-Partei*
atque	und	
cēna	Essen, Mahlzeit	
aqua	Wasser	*Aquarium, Aquädukt*
vōx, vōcis *f*	Äußerung, Laut, Stimme	*e. voice, f. voix*
oculus	Auge	*Okular, e. eye*
convertere, convertō *(in m. Akk.)*	verändern, (um)wenden, richten (auf)	*konvertieren, e. to convert*
umerus	Oberarm, Schulter	
verbum	Wort, Äußerung	*Verbum, verbal*
sōlum *Adv.*	nur	
nōn sōlum ... sed etiam	nicht nur ... sondern auch	
effugere, effugiō *(m. Akk.)*	entfliehen, entkommen	
mōns Esquilīnus	Esquilin (einer der sieben Hügel Roms)	

F Substantive: Genitiv (2. Fall)

	Sg.		Pl.		
Gen.	amīc-ae	der/einer Freundin	amīc-ārum	der Freundinnen	a-Deklination
Gen.	amīc-ī	des/eines Freundes	amīc-ōrum	der Freunde	o-Deklination *m*
Gen.	for-ī	des/eines Marktplatzes	for-ōrum	der Marktplätze	o-Deklination *n*
Gen.	victōr-is	des/eines Siegers	victōr-um	der Sieger	3. Deklination

Künftig ist bei Substantiven der 3. Deklination (Mischdeklination) immer der Genitiv Singular angegeben, der mitgelernt werden muss; durch Abstreichen der Endung **-is** erhält man den Wortstamm.
Der Genitiv Plural endet meist auf **-um**, selten auf **-ium**; der Gen. Pl. **-ium** wird im Wortschatz angegeben.

Bei Eigennamen der o-Deklination auf **-ius** endet der Genitiv Singular oft auf **-ī**;
z. B.: **amicus Publi** (= Publii) ein Freund des Publius

TIPP!

Nun kennst du bis auf den Dativ (3. Fall) alle Kasus, die es im Lateinischen gibt. Du musst aber genau aufpassen, um die Endungen richtig zu erfassen, da gleiche Endungen unterschiedliche Bedeutung haben können. So bezeichnen: **-ae** (portae) und **-i** (amici) den Gen. Sg. oder den Nom. Pl.,
  -is (victoris, amicis) den Gen. Sg. oder den Abl. Pl.
Überlege also immer, zu welcher Deklinationsklasse ein Wort gehört, und berücksichtige den Kontext!
Formuliere den Tipp für die Endung **-um**, z.B. victorum, amicum, forum.

S Genitiv als Attribut: Genitiv der Zugehörigkeit

Melissa vestes amici ostendit.
Melissa zeigt die Kleider des Freundes.

Als Attribut bezeichnet der Genitiv wie im Deutschen und Englischen die Zugehörigkeit einer Person oder Sache zu einer anderen. Das Attribut kann als Satzgliedteil zum Subjekt, Objekt oder Adverbiale treten.
Nach dem **Genitivattribut** fragen wir „wessen?".

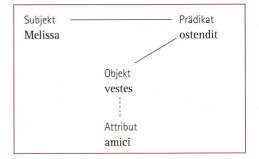

Römische Ämter: Volkstribun, Quästor (Finanzen), Ädil (Spiele), Prätor (Recht), Konsul (Regierung), Senat

W

mōns	Berg	tandem	endlich
ante	vor	accēdere	herbeikommen, hinzukommen
salutāre	grüßen	petere	(auf)suchen, (er)streben, bitten, verlangen
exspectāre	warten, erwarten		

propinquus	Verwandter	
lībertus	Freigelassener	
gēns, gentis *f (Gen. Pl. -ium)*	Familienverband, Stamm, Volk	*f. gens*
patrōnus	Patron, (Schutz-)Herr	
convenīre, conveniō	besuchen, zusammenkommen, zusammenpassen	*Konvention, Konvent, konventionell*
hospes, hospitis *m*	Fremder, Gast, Gastgeber	*Hospital, Hospiz, Hotel*
uxor, uxōris *f*	Ehefrau	
fīlia	Tochter	*Filiale, f. fille*
parēns, parentis *m/f*	Vater, Mutter	
parentēs, parentum *m Pl.*	Eltern	*e./f. parents*
soror, sorōris *f*	Schwester	
salūs, salūtis *f*	Gesundheit, Glück, Rettung, Gruß	*Salut, e. salute*
salūtem dīcere *m. Dat.*	jmd. grüßen	
āra	Altar	
mihi *Dat.*	mir	
placēre, placeō	gefallen	*e. pleasure*
placet *m. Dat.*	es gefällt jmd., jmd. beschließt	*„Plazet"*
mōs, mōris *m*	Sitte, Brauch; *Pl.* Charakter	*Moral, moralisch*
māiōrēs, māiōrum *m*	Vorfahren	
remanēre, remaneō	(zurück)bleiben	*e. to remain*
agmen, agminis *n*	(Heeres-)Zug	
dea	Göttin	
pāx, pācis *f*	Friede	*Pazifismus, e. peace, f. paix*
ōrāre, ōrō *(m. dopp. Akk.)*	bitten (jmd. um etwas)	*Oratorium*
posteā *Adv.*	nachher, später	
parēre, pāreō	gehorchen, sich richten nach	*parieren*
cibus	Nahrung, Speise	
narrāre, narro *(de m. Abl.)*	erzählen (von/über)	*narrativ*
gaudium	Freude	*Gaudi*
ōrātiō, ōrātiōnis *f*	Rede	
ōrātiōnem habēre	eine Rede halten	
vōbīs *Dat.*	euch	
grātia	Ansehen, Beliebtheit, Dank, Gefälligkeit	*Grazie, graziös, e. grace, f. grâce*
grātiās agere	danken	
interesse, intersum *m. Dat.*	dazwischen sein, teilnehmen an	*Interesse, interessant*
mūnus, mūneris *n*	Aufgabe; Geschenk	

F

① Substantive: Dativ (3. Fall)

	Sg.		Pl.		
Dat.	amīc-ae	der/einer Freundin	amīc-īs	(den) Freundinnen	a-Deklination
Dat.	amīc-ō	dem/einem Freund	amīc-īs	(den) Freunden	o-Deklination *m*
Dat.	for-ō	dem/einem Marktplatz	for-īs	(den) Marktplätzen	o-Deklination *n*
Dat.	victōr-ī	dem/einem Sieger	victōr-ibus	(den) Siegern	3. Deklination

Vollständige Tabellen zur Deklination der Substantive befinden sich im Tabellarium, S. 128, und auf S. 30.

② Substantive der 3. Deklination: Neutra

Beispiel:
agmen, inis   (Heeres-)Zug

	Sg.	Pl.
Nom.	agmen	agmin-a
Gen.	agmin-is	agmin-um
Dat.	agmin-ī	agmin-ibus
Akk.	agmen	agmin-a
Abl.	agmin-e	agmin-ibus

Auch in der 3. Deklination haben die Neutra im Nominativ und Akkusativ die gleiche Endung.

③ Substantive der 3. Deklination: Wortstamm

Die 3. Deklination ist eine Mischdeklination: Bei vielen Substantiven ist der Wortstamm nicht im Nom. Sg. erkennbar. Man muss daher den Genitiv mitlernen. Durch Wegstreichen der Endung (-is) erhält man den Wortstamm. Beispiele:

Nom.	Gen.	Wortstamm
vox	voc-is	voc-
salus	salut-is	salut-
mater	matr-is	matr-
senex	sen-is	sen-
agmen	agmin-is	agmin-

S

① Dativ als Objekt

a) Amicus matri adest.
    Der Freund hilft seiner Mutter.

Wie im Deutschen bezeichnet der Dativ als Objekt die Person (oder Sache), der eine Handlung gilt. Nach dem Dativobjekt fragen wir „wem?".

b) Servus mercatori vinum portat.
    Der Sklave bringt dem Kaufmann Wein.

Der Dativ ergänzt als Objekt auch Verben, die schon ein Akkusativobjekt bei sich haben. Welche und wie viele Objekte stehen können oder müssen, wird durch das Prädikat festgelegt.

2 Dativ als Prädikatsnomen: Dativ des Besitzers

Mercatori taberna est.
(Dem Kaufmann ist ein Laden zu Eigen.)
Der Kaufmann hat (besitzt) einen Laden.

In Verbindung mit einer 3. Person von **esse** bezeichnet der Dativ einer Person (z. B. Eigenname, Berufsbezeichnung) ein Besitzverhältnis. Da er zusammen mit der Form von **esse** das Prädikat bildet, ist der Dativ des Besitzers als Prädikatsnomen aufzufassen.

WORTBILDUNG

Von Verben zu Substantiven:
clamare → clamor

Was bedeuten dann wohl **amor**, **dolor** und **timor**?

Vergleiche:

nuntiare	gaudere	orare	vocare
nuntius	gaudium	oratio	vox, vocis

LATEIN LEBT

Viele **lateinische Vokabeln** findet man – oft kaum verändert – auch **im Englischen**:

exspectare	e. to expect	defendere	e. to defend
contendere	e. to contend	convertere	e. to convert
laudare	e. to laud	complere	e. to complete

KONTEXT

forum petere	das Forum aufsuchen, zum Forum eilen	negotia agere	Geschäfte (be)treiben, Geschäfte machen
pecuniam petere	Geld verlangen	de pace agere	über Frieden verhandeln
auxilium petere	um Hilfe bitten		

Übersicht: Substantive (Deklination)

Da du nun alle Kasus kennst, bekommst du auch für die Substantivendungen eine zusammenfassende Übersicht – nach Deklinationsklassen geordnet:

a-Deklination (1. Deklination)

Beispiel:
domina, -ae *f* die Herrin

Fast alle Substantive der a-Deklination sind Feminina.

	Sg.	Pl.
Nom.	domin-a	domin-ae
Gen.	domin-ae	domin-ārum
Dat.	domin-ae	domin-īs
Akk.	domin-am	domin-ās
Abl.	domin-ā	domin-īs

o-Deklination (2. Deklination)

Beispiel:
dominus, -ī *m* der Herr

Fast alle Substantive der o-Deklination auf -us sind Maskulina.

	Sg.	Pl.
Nom.	domin-us	domin-ī
Gen.	domin-ī	domin-ōrum
Dat.	domin-ō	domin-īs
Akk.	domin-um	domin-ōs
Vok.	domin-e	domin-ī
Abl.	domin-ō	domin-īs

Beispiel:
templum, -ī *n* der Tempel

Die Substantive der o-Deklination auf -um sind Neutra. Sie haben im Nom. und Akk. gleiche Endungen.

	Sg.	Pl.
Nom.	templ-um	templ-a
Gen.	templ-ī	templ-ōrum
Dat.	templ-ō	templ-īs
Akk.	templ-um	templ-a
Abl.	templ-ō	templ-īs

3. Deklination (Mischdeklination)

Beispiel:
senātor, -ōris *m* der Senator

Die meisten Substantive der 3. Deklination bilden die Kasusformen wie **senator**.

	Sg.	Pl.
Nom.	senātor	senātōr-ēs
Gen.	senātōr-is	senātōr-um
Dat.	senātōr-ī	senātōr-ibus
Akk.	senātōr-em	senātōr-ēs
Abl.	senātōr-e	senātōr-ibus

taberna	Gasthaus, Laden, Werkstatt	cōgitāre	beabsichtigen, denken
dōnum	Geschenk	respondēre	antworten, entsprechen
rogāre	bitten, erbitten, fragen	repente	plötzlich
quid?	was?	ostendere	darlegen, zeigen

cupere, cupiō	verlangen, wünschen, wollen	
egō *(betont)*	ich	*Egoist, Egoismus*
tū *(betont)*	du	
facere, faciō	machen, tun, handeln	*Fazit, Faktor*
tibi *Dat.*	dir	
tēcum *Abl.*	mit dir	
comes, comitis *m/f*	Gefährte/Begleiter(in)	*e. count, f. comte*
indūcere, indūcō	(hin)einführen, verleiten	*Induktion*
multitūdō, multitūdinis *f*	große Zahl, Menge	*e. multitude*
liber, librī	Buch	*Libretto*
aspicere, aspiciō	erblicken	*Aspekt, e. aspect*
scīre, sciō	kennen, verstehen, wissen	*e./f. science*
poēta *m*	Dichter	*Poet*
an	oder *(in der Frage)*	
mē *Akk.*	mich	
cōnsilium	Beratung, Beschluss, Plan, Rat	*e. to counsel*
homō, hominis *m*	Mensch	*homo sapiens, f. homme*
nōbīs *Dat.*	uns	*f. nous*
admittere, admittō	hinzuziehen; zulassen	*e. to admit*
sinistra	linke Hand	
capere, capiō	nehmen, fassen	*kapern, „kapieren", Kapazität*
corripere, corripiō	ergreifen, gewaltsam an sich reißen	
carmen, carminis *n*	Lied, Gedicht	*Carmen, e. charm*
legere, legō	lesen, auswählen	*Lektüre, Lektor, Lektion*
īnstituere, īnstituō	beginnen, einrichten, unterrichten	*Institution, Institut, e. (to) institute*
vōs *Nom./Akk.*	ihr/euch	*f. vous*
imperātor, imperātōris *m*	Befehlshaber, Feldherr, Kaiser	*e. emperor, f. empereur*
bellum	Krieg	*Duell*
nātiō, nātiōnis *f*	Volk, Volksstamm	*Nation, e. nation*
prōvincia	Provinz	*Provence, e. province*
flūmen, flūminis *n*	Fluss	
duo, duae, duo	zwei	*Duo, dual*
compōnere, compōnō	vergleichen	*komponieren, Komponente*
quis vestrum?	wer von euch?	
eō *Adv.*	dorthin	
puella	Mädchen	

Fortsetzung →

Athēnodōrus   Athenodorus (männlicher Eigenname)
(C. Iūlius) Caesar, Caesaris   Gajus Julius Cäsar (Eroberer Galliens)
Ovidius   Ovid (römischer Dichter)

F ① Personalpronomen (Persönliches Fürwort)

		Sg.		Pl.	
1. Person	Nom.	egō	ich	nōs	wir
	Dat.	mihi	mir	nōbīs	uns
	Akk.	mē	mich	nōs	uns
	Abl.	ā mē/mēcum	von mir/mit mir	ā nōbīs/nōbīscum	von uns/mit uns
2. Person	Nom.	tū	du	vōs	ihr
	Dat.	tibi	dir	vōbīs	euch
	Akk.	tē	dich	vōs	euch
	Abl.	ā tē/tēcum	von dir/mit dir	ā vōbīs/vōbīscum	von euch/mit euch

Der Genitiv des Personalpronomens kommt in festen Wendungen vor. Diese werden im Wortschatz gelernt.

② Verben: Konsonantische Konjugation (ĭ-Erweiterung)

Infinitiv	capĕ-re	nehmen

Präsens	Sg.		Pl.	
1. Pers.	capi-ō	ich nehme	capi-mus	wir nehmen
2. Pers.	capi-s	du nimmst	capi-tis	ihr nehmt
3. Pers.	capi-t	er (sie, es) nimmt	capi-u-nt	sie nehmen

Bei einer Reihe von Verben, die zur konsonantischen Konjugation gezählt werden, endet der Wortstamm auf ein kurzes -i-. Die Formen gleichen deshalb weitgehend denen der ī-Konjugation.

Imperativ	cape	nimm!	capi-te	nehmt!

extra ③ Substantive der 3. Deklination: Genera

a) Bei den verschiedenen Substantiven der 3. Deklination (Mischdeklination) ist im Wortschatz grundsätzlich das Genus angegeben. Nach ihren Endungen fasst man die Substantive in mehrere Gruppen zusammen, deren grammatisches Geschlecht bestimmten Regeln folgt. Häufig kommen vor:

- Substantive auf -or (z. B. mercator, oris): *Maskulina*
- Substantive auf -o (z. B. oratio, onis): *Feminina*
- Substantive auf -s oder -x (z. B. gens, gentis oder pax, pacis): *Feminina*
- Substantive auf -us (z. B. munus, eris): *Neutra*
- Substantive auf -en (z. B. carmen, inis): *Neutra*

b) Manche Substantive folgen allerdings dem natürlichen Geschlecht, z.B. senex, senis *(m)*, soror, sororis *(f)*. Homo, hominis galt bei den Römern als maskulin.

c) Manche Substantive sind zweigeschlechtlich, z.B. fur, furis (Dieb, Diebin) oder comes, comitis (Gefährte, Gefährtin).

Personalpronomen: Verwendung

Tu parere debes. *Ego* dominus sum, *tu* servus es!
Du musst gehorchen. Ich bin der Herr, du bist der Sklave!

Im Nominativ wird das Personalpronomen nur verwendet, wenn in einem Satz das – bereits im Prädikat enthaltene – Subjekt besonders betont werden soll.
In den anderen Kasus wird das Personalpronomen wie im Deutschen oder Englischen verwendet.

Konjugationsklassen

voc-o ...	voc**a**-t ...	voc**a**-nt	voc**ā**-re	**ā**-Konjugation
habe-o ...	hab**e**-t ...	hab**e**-nt	hab**ē**-re	**ē**-Konjugation
audi-o ...	aud**i**-t ...	aud**i**-u-nt	aud**ī**-re	**ī**-Konjugation
ag-o ...	ag-**i**-t ...	ag-**u**-nt	ag-**e**-re	kons. Konjugation
faci-o ...	faci-t	faci-u-nt	face-re	(ĭ-Erweiterung)

W

vir	Mann	probāre	beweisen, für gut befinden
tacēre	schweigen	subitō	plötzlich
dubitāre	zögern	dolēre	schmerzen; bedauern, Schmerz empfinden
perīculum	Gefahr		

esse, sum, fuī	sein; sich befinden	
calamitās, calamitātis *f*	Schaden, Unglück, Niederlage	*Kalamität, e. calamity*
necāre, necō	töten	
marītus	Ehemann	*f. mari*
crēdere, crēdō	anvertrauen, glauben	*Credo, Kredit*
posse, possum, potuī	können	
petere, petō, petīvī	(auf)suchen, (er)streben, bitten, verlangen	
sē *Akk.*	sich	*f. se*
ubi *Subj. m. Ind.*	sobald	
mūnīre, mūniō	bauen, befestigen, schützen	
aedificāre, aedificō	bauen	*f. édifier*
mūrus	Mauer	
enim *Adv. (nachgestellt)*	nämlich, in der Tat	
hostis, hostis *m (Gen. Pl. -ium)*	Feind (Landesfeind)	
ā/ab *m. Abl.*	von, von ... her	
urbs, urbis *f (Gen. Pl. -ium)*	Stadt, Hauptstadt	*Urbanisierung*
prohibēre, prohibeō *(a m. Abl.)*	abhalten (von), hindern (an)	*e. to prohibit, f. prohiber*
īra	Zorn	
frāter, frātris *m*	Bruder	*Frater, e. brother, f. frère*
lacrima	Träne	
tenēre, teneō	besitzen; festhalten, halten	
frūstrā *Adv.*	vergeblich	*frustriert, Frustration*
rīpa	Ufer	
servāre, servō	bewahren, retten	*Kon-serve*
alere, alō, aluī	ernähren, großziehen	*„Alete", Eltern*
superī, superōrum *Pl.*	die Götter	
caedēs, caedis *f (Gen. Pl. -ium)*	Mord, Blutbad	*Geno-zid, Sui-zid*
vītāre, vītō	meiden, vermeiden	
flēre, fleō, flēvī	beklagen, (be)weinen	*flennen*
nex, necis *f*	Mord, Tod	

Faustulus	Faustulus (Hirte, der Romulus und Remus entdeckte)
Acca	Acca (Ehefrau des Faustulus)
Rōmulus	Romulus (sagenhafter Gründer Roms)
Remus	Remus (Bruder des Romulus)
Palātium (mōns Palātīnus)	Palatin (einer der Hügel Roms)
Tiberis, Tiberis *m (Akk. Tiberim)*	Tiber (Fluss durch Rom)

F

① Verben: Perfekt (2. Vergangenheit)

	Sg.	Pl.
1. Pers.	vocā-v-ī	vocā-v-imus
2. Pers.	vocā-v-istī	vocā-v-istis
3. Pers.	vocā-v-it	vocā-v-ērunt

Beim **Perfekt** werden die Endungen, die für alle Konjugationsklassen gleich sind, an den **Perfektstamm** angefügt.

② Perfektbildung: v-/u-Perfekt

Der Perfektstamm wird auf verschiedene Weise gebildet:

Infinitiv Präsens	Präsensstamm	Perfektstamm	Art der Perfektbildung
vocāre	vocā-	vocāv-	**v-Perfekt** (meistens bei den Verben der
audīre	audī-	audīv-	ā- und ī-Konjugation)
tacēre	tacē-	tacu-	**u-Perfekt** (meistens bei den Verben der ē-Konjugation)

Der Perfektstamm zu **esse** lautet **fu-** (fuī, fuistī usw.).

TIPP! Bei vielen Verben musst du die 1. Person Singular Perfekt dazulernen, besonders dann, wenn du nicht ohne Weiteres von einer Perfektform auf den Infinitiv Präsens schließen kannst. Im Wortschatz ist daher häufig auch die 1. Person Singular Perfekt mit angegeben, z. B. petere, peto, petivi.

③ Verben: posse

posse können, vermögen

Präsens	Sg.	Pl.
1. Pers.	pos-sum	pos-sumus
2. Pers.	pot-es	pot-estis
3. Pers.	pot-est	pos-sunt

Perfektstamm: **potu-** (potuī, potuistī usw.)

Die Formen von **posse** sind aus dem alten Adjektiv **potis** (mächtig, fähig) und dem Hilfsverb **esse** entstanden. Vor Vokal steht **pot-**, vor **s** wird **pot-** zu **pos-** assimiliert (angeglichen).

S

Verwendung des Perfekts

Primo tabernam intravimus; deinde libros spectavimus.
Zuerst betraten wir den Laden; dann sahen wir uns die Bücher an.

Das Perfekt ist im Lateinischen vor allem das Tempus für die Darstellung einmaliger Vorgänge, die zum Abschluss gelangt sind. Es ist somit das Tempus, in dem die wesentlichen Ereignisse erzählt werden. Meistens wird es im Deutschen mit dem Präteritum wiedergegeben.

W

adulēscēns	junger Mann	colere	verehren, pflegen, bewirtschaften
arma	Waffen, Gerät	iniūria	Beleidigung, Unrecht, Gewalttat
semper	immer	vīvere	leben
uxor	Ehefrau	urbs	Stadt, Hauptstadt

post *m. Akk.*	nach, hinter	
magnus, a, um	groß, bedeutend	*„Magnum"*
multus, a, um	viel	*multiplizieren, multikulturell*
bonus, a, um	gut	*Bon, Bonus, Bonbon, f. bon*
mors, mortis *f (Gen. Pl. -ium)*	Tod	*f. mort*
arcessere, arcessō, arcessīvī	herbeirufen, holen	
numerus	Menge, Zahl	*Nummer, nummerieren, e. number, f. nombre*
occupāre, occupō	besetzen, einnehmen	*okkupieren, e. to occupy*
terrēre, terreō	erschrecken	*Terror, Terrorist, e. terror*
causa	Ursache, Sache; Prozess	*Kausalsatz, e./f. cause*
cognōscere, cognōscō, cognōvī	erkennen, kennenlernen	*kognitiv*
scelus, sceleris *n*	Verbrechen; Schurke	
rēx, rēgis *m*	König	
sors, sortis *f (Gen. Pl. -ium)*	Los, Orakelspruch, Schicksal	*Sorte*
miser, misera, miserum	arm, erbärmlich, unglücklich	*Misere, miserabel, e. miserable*
magnā vōce	mit lauter Stimme	
accusare, accuso	anklagen, beschuldigen	*Akkusativ*
inquit *(in die wörtl. Rede eingeschoben)*	sagt(e) er	
propter *m. Akk.*	wegen	
expellere, expellō	vertreiben, verbannen	*e. to expel*
superbus, a, um	stolz, überheblich	
rēgnum	(Königs)Herrschaft, Reich	*e. reign, f. règne*
dīgnus, a, um *(m. Abl.)*	wert, würdig (einer Sache)	*f. digne*
omnīnō *Adv.*	insgesamt, überhaupt, völlig	
iūs, iūris *n*	Recht	*Jura, Jurist*
dīvīnus/dīvus, a, um	göttlich	*e. divine, f. divin*
hūmānus, a, um	gebildet, menschlich	*human, Humanität, e. human*
pudor, pudōris *m*	Scham(gefühl), Anstand	*f. pudeur*
īgnōrāre, īgnōrō	nicht kennen, nicht wissen	*Ignorant, e. to ignore*
non īgnōrāre	genau wissen, gut kennen	
num *im dir. Fragesatz*	etwa?	
tūtus, a, um *(a m. Abl.)*	sicher (vor)	
tōtus, a, um *(Gen. tōtīus, Dat. tōtī)*	ganz	*total, totalitär, e. total, f. tout*
līberāre, līberō	befreien, freilassen	*liefern, f. libérer*
summus, a, um	der höchste, der letzte, der oberste	*Summe*
et ... et	sowohl ... als auch	

ita *Adv.*	so	
ultimus, a, um	der äußerste, der entfernteste, der letzte	*Ultimatum, ultima ratio, ultimativ*

Lucrētia	Lucretia (Frau des Collatinus)
L. Iūnius Brūtus	Lucius Iunius Brutus (Verschwörer gegen Tarquinius)
Rōma	Rom
Rōmānus, a, um	römisch, Römer
Tarquiniī, ōrum	die Tarquinier (altrömisches Königsgeschlecht)
L. Tarquinius Collātīnus	Lucius Tarquinius Collatinus
Tarquinius Superbus	Tarquinius Superbus (letzter König Roms)
Sextus Tarquinius	Sextus Tarquinius (Sohn des Tarquinius Superbus)

F Adjektive der a- und o-Deklination

Beispiel:

magnus, a, um   groß

	Sg.			Pl.		
	m	*f*	*n*	*m*	*f*	*n*
Nom.	magn-us	magn-a	magn-um	magn-ī	magn-ae	magn-a
Gen.	magn-ī	magn-ae	magn-ī	magn-ōrum	magn-ārum	magn-ōrum
Dat.	magn-ō	magn-ae	magn-ō	magn-īs	magn-īs	magn-īs
Akk.	magn-um	magn-am	magn-um	magn-ōs	magn-ās	magn-a
Abl.	magn-ō	magn-ā	magn-ō	magn-īs	magn-īs	magn-īs

Die Adjektive (Eigenschaftswörter) auf -us, a, um werden dekliniert wie die Substantive der a- und o-Deklination.

Beispiel:

miser, misera, miserum   arm

Für die Adjektive auf -er gilt das gleiche wie für die Substantive auf -er (vgl. 5 **F** ③).

S ① Adjektive: KNG-Kongruenz

Homo bonus amicis adest.
Ein guter Mensch hilft seinen Freunden.

In foro magna templa sunt.
Auf dem Forum sind große Tempel.

Liberi magnos montes vident.
Die Kinder sehen große Berge.

Das Adjektiv richtet sich im **K**asus, **N**umerus und **G**enus nach dem Nomen, zu dem es gehört (**KNG-Kongruenz**).
Die Endungen sind gleich, wenn Substantiv und Adjektiv zur gleichen Deklinationsklasse gehören (z. B. **magna templa**), andernfalls unterscheiden sie sich (z. B. **magnos montes**).
Die Adjektive stehen meist hinter dem Substantiv, zu dem sie gehören; wenn sie eine Menge, ein Maß oder eine Zahl bezeichnen (z. B. **magnus**), stehen sie häufig davor.

❷ Adjektiv als Attribut

Die Adjektive werden häufig als Attribute verwendet. Sie sind keine notwendigen Bestandteile des Satzes. Ein **Adjektivattribut** kann als Satzgliedteil zum Subjekt, Objekt oder Adverbiale treten und dieses näher erläutern.

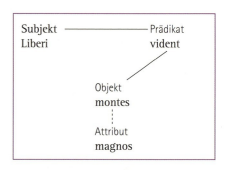

❸ Adjektiv als Prädikatsnomen

a) Forum magnum est.
   Der Marktplatz ist groß.

Ein Adjektiv kann ebenso wie ein Substantiv als Prädikatsnomen zum Hilfsverb **esse** treten (vgl. 1 S ❷). Es gilt die KNG-Kongruenz mit dem Bezugswort.

b) Servus et serva miseri sunt.
   Der Sklave und die Sklavin sind arm.

Bezieht sich ein Adjektiv auf mehrere Wörter, die maskulin und feminin sind, so steht das Adjektiv im Maskulin Plural.

TIPP!
Tarquinius rex superbus est.
Tarquinius ist ein überheblicher König.
oder: Der König Tarquinius ist überheblich.

In diesem Satz kannst du **rex** sowohl als Attribut (zu **Tarquinius**) wie auch als Prädikatsnomen (zu **est**) auffassen, sodass sich zwei grammatikalisch richtige Übersetzungsmöglichkeiten ergeben. Im Satzmodell ist der Unterschied zu erkennen:

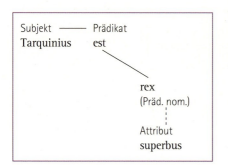   oder: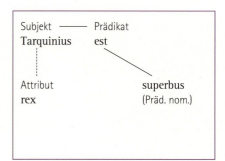

④ Adjektiv und Substantiv als Prädikativum

a) Erscheinungsform

Cicero miser Romam relinquit.
Cicero verlässt unglücklich Rom.

Hannibal iam puer hostis Romanorum erat.
Hannibal war schon als Junge ein Feind der Römer.

Im Lateinischen können bestimmte **Substantive** und **Adjektive** im Nominativ zur Ergänzung eines Vollverbs prädikativ gebraucht werden; ein so verwendetes Nomen heißt **Prädikativum**.

- Substantivische Prädikativa sind häufig Altersangaben oder Amtsbezeichnungen, z. B. senex, puer, consul.
- Adjektivische Prädikativa bezeichnen oft einen körperlichen oder seelischen Zustand, eine Reihenfolge oder Menge, z. B. miser, superbus.

Bei den Adjektiven ist eine wörtliche Übersetzung möglich, bei den Substantiven muss im Deutschen 'als' eingefügt werden.

b) Satzgliedfunktion

Das Prädikativum lässt sich im Deutschen, da es ein Vollverb näher erläutert, als Adverbiale auffassen; im Gegensatz zu den Adverbialien ist es jedoch – wie das Partizip – mit einem Bezugswort (hier: Cicero bzw. Hannibal) kongruent.

WORTBILDUNG

Vergleiche: ducere
  inducere

Erschließe die Bedeutungen von **inspicere**, **importare** (aus: in-portare) und **inesse**.

Von Adjektiven zu Substantiven:
multus → multitudo

Was bedeutet dann magnitudo?

LATEIN LEBT

Ein Wort – fünf Sprachen:

sors	– f. sort	– i. sorte	– s. suerte	– dt. Sorte
natio	– f. nation	– i. nazione	– s. nación	– e. nation
provincia	– f. province	– i. provincia	– s. provincia	– dt. Provinz
murus	– f. mur	– i. muro	– s. muro	– dt. Mauer
regnum	– f. règne	– i. regno	– s. reino	– e. reign
divinus	– f. divin	– i. divino	– s. divino	– e. divine
humanus	– f. humain	– i. umano	– s. humano	– e. human
miser	– f. misérable	– s. miserable	– e. miserable	– dt. miserabel

W

vōx	Äußerung, Laut, Stimme	mūnus	Aufgabe; Geschenk
autem	aber	ita	so
marītus	Ehemann	bellum	Krieg
salūs	Gesundheit, Glück, Rettung, Gruß	dēfendere	abwehren, verteidigen, schützen

contendere, contendo, contendī	eilen, sich anstrengen	
vidēre, video, vīdī	sehen; darauf achten	
dīcere, dīco, dīxī	sagen, sprechen	
venīre, venio, vēnī	kommen	
capere, capio, cēpī	fassen, nehmen; erobern	
facere, facio, fēcī	machen, tun, handeln	
dūcere, dūco, dūxī	führen, ziehen	
accēdere, accēdo, accessī	herbeikommen, hinzukommen	
pellere, pello, pepulī	schlagen, vertreiben	*Puls, Pro-peller*
postquam *Subj. m. Ind. Perf.*	nachdem	
legiō, legiōnis *f*	Legion (ca. 5000–6000 Mann)	*Legionär, e. legion, f. légion*
currere, curro, cucurrī	eilen, laufen	
suus, a, um	ihr, sein	
cūnctī, ae, a	alle (zusammen)	
meus, a, um	mein	*e. my*
alius, a, ud	ein anderer	*e. else*
vocāre, voco *m. dopp. Akk.*	bezeichnen als	
tuus, a, um	dein	
manēre, maneo, mānsī *(m. Akk.)*	bleiben, warten, warten auf	*permanent*
āmittere, āmitto, āmīsī	aufgeben, verlieren	
ūnus, a, um *(Gen. ūnīus, Dat. ūnī)*	ein(er), ein einziger	*Union, e. one*
restāre, resto, restitī	übrig bleiben; Widerstand leisten	*Rest, Ar-rest, e. rest*
noster, nostra, nostrum	unser	*f. notre*
cōnsulere, cōnsulo, cōnsuluī *(dē m. Abl.)*	befragen; beraten (über) *m. Dat.* sorgen für	
convocāre, convoco	versammeln	
ūnus ex/dē *m. Abl.*	einer von	
labor, labōris *m*	Anstrengung, Arbeit	*Labor(atorium)*
mīles, mīlitis *m*	Soldat	*Militär*
oppidum	Stadt	
certē *Adv.*	gewiss, sicherlich	
equidem	(ich) allerdings, freilich	
cēnsēre, cēnseo *(m. Akk.)*	meinen, einschätzen, seine Stimme abgeben (für)	*Censor, Zensieren, Zensur*
aperīre, aperio, aperuī	aufdecken, öffnen	
vērō *Adv.*	aber	

sententia	Antrag (im Senat), Meinung; Satz, Sinn	*Sentenz, e./f. sentence*
proelium	Kampf, Schlacht	
vincere, vincō, vīcī	(be)siegen, übertreffen	*Vinzenz*
claudere, claudō, clausī	abschließen, einschließen	*Klause, Klausel, Klausur, e. to close*
moenia, moenium *n Pl.*	(Stadt-) Mauern	
altus, a, um	hoch, tief	*Alt, Altar*
monēre, moneō	(er)mahnen	*monieren, Monitor*
postulāre, postulō	fordern	*postulieren, Postulat*
dēfendere, dēfendō, dēfendī	abwehren, verteidigen, schützen	
rīdēre, rīdeō, rīsī	lachen, auslachen	
pervenīre, perveniō, pervēnī	kommen zu/nach	
agere, agō, ēgī	handeln, treiben, verhandeln	
aspicere, aspiciō, aspexī	erblicken	
Hannibal, Hannibalis *m*	Hannibal (karthagischer Feldherr)	
Alpēs, ium *f*	die Alpen	
Italia	Italien	

Redensarten und Wendungen aus unserem Alltag – mit lateinischen Vokabeln:

eine „*Gaudi*" machen	ein *Patent* anmelden	ein guter *Video*film
Terror machen	sein *Plazet* geben	ein *totaler* Zusammenbruch
sensibel *re-agieren*	ein *Fazit* ziehen	ein falsches *Signal*
Ich bin *frustriert*!	eine *Akte* schließen	das Auto *re-parieren*
die *Daten* sichern	die Ware *re-klamieren*	So ein *Klamauk*!

F Perfektbildung: s-, Dehnungs-, Reduplikationsperfekt, Perfekt ohne Stammveränderung

a) s-Perfekt

Infinitiv Präsens	Präsensstamm	Perfektstamm	1. Pers. Sg. Perf.
manēre	manē-	māns-	māns-ī
dūcere	dūc-	dūx- (aus: dūc-s-)	dūx-ī
rīdēre	rīde-	rīs-	rīs-ī

b) Dehnungsperfekt

Infinitiv Präsens	Präsensstamm	Perfektstamm	1. Pers. Sg. Perf.
vidēre	vide-	vīd-	vīd-ī
venīre	veni-	vēn-	vēn-ī
capere	capi-	cēp-	cēp-ī

Beim Dehnungsperfekt wird der Stammvokal gedehnt und manchmal zusätzlich verändert.

c) Reduplikationsperfekt

Infinitiv Präsens	Präsensstamm	Perfektstamm	1. Pers. Sg. Perf.
currere	curr-	cucurr-	cucúrrī
pellere	pell-	pepul-	pépulī
expellere	expell-	expul-	éxpulī

Beim Reduplikationsperfekt wird der Wortanfang „verdoppelt" (dupliziert), indem der anlautende Konsonant (z. B. c bei currere) mit einem Bindevokal davorgesetzt wird.
Bei den Komposita (zusammengesetzten Verben) fehlt die Reduplikationssilbe im Perfekt (z. B. expellere – éxpuli).

d) Perfekt ohne Stammveränderung

Infinitiv Präsens	Präsensstamm	Perfektstamm	1. Pers. Sg. Perf.
dēfendere	dēfend-	dēfend-	dēfendī

Bei einigen Verben bleibt der Perfektstamm gegenüber dem Präsensstamm unverändert.

TIPP! defendit er wehrt ab / er wehrte ab   venit er kommt / er kam
Beim Perfekt ohne Stammveränderung und beim Dehnungsperfekt sind einige Formen doppeldeutig, da die Dehnung im Schriftbild nicht wiedergegeben wird. Eine eindeutige Bestimmung der Form ist durch den Kontext, oft auch durch die „benachbarten" Verbformen möglich.

audīre	hören	tamen	dennoch, jedoch
scīre	kennen, verstehen, wissen	licet	es ist erlaubt, es ist möglich
cūr?	warum?	neque	und nicht, auch nicht, nicht einmal
respondēre	antworten, entsprechen	sed	aber, sondern

quī, quae, quod	welcher, welche, welches; der, die, das	
vulgō *Adv.*	allgemein, gewöhnlich	*vulgär*
appellāre, appellō *(m. dopp. Akk.)*	anrufen, nennen, bezeichnen (als)	*appellieren, Appell*
bene *Adv.*	gut	*f. bien*
animadvertere, animadvertō, animadvertī	bemerken, wahrnehmen	
quia *Subj. m. Ind.*	weil	
superāre, superō	besiegen, überragen, übertreffen	
imprīmīs *Adv.*	besonders, vor allem	
triumphus	Triumph(zug)	*e. triumph, f. triomphe*
dēcernere, dēcernō, dēcrēvī	beschließen, entscheiden, zuerkennen	*Dezernat, Dekret*
ob *m. Akk.*	wegen; für	
invidia	Neid	*e. envy, f. envie*
odium	Hass	
inimīcus, a, um	feindlich; *Subst.* Feind	*e. enemy, f. ennemi*
sīc *Adv.*	so	
crīmen, crīminis *n*	Beschuldigung, Vorwurf, Verbrechen	*Krimi, Kriminalfall, kriminell, e./f. crime*
falsus, a, um	falsch	*e. false*
virtūs, virtūtis *f*	Tapferkeit, Tüchtigkeit, Vortrefflichkeit, Leistung; *Pl.* gute Eigenschaften, Verdienste	*Virtuosität, e. virtue, f. vertu*
vester, vestra, vestrum	euer	
relinquere, relinquō, relīquī	unbeachtet lassen, verlassen, zurücklassen	
nescīre, nesciō	nicht wissen	
profectō *Adv.*	sicherlich, tatsächlich	
errāre, errō	(sich) irren	
multī, ae	viele	
exemplum	Beispiel, Vorbild	*Exempel, Exemplar, e. example*
clārus, a, um	berühmt, hell, klar	*Klara, Klarinette, e. clear*
dēspērāre, dēspērō *(dē m. Abl.)*	die Hoffnung aufgeben (auf), verzweifeln (an)	*Desperado, e. to despair*
sōlus, a, um	allein, einzig	*Solo, Solist*
cūrāre, cūrō *(m. Akk.)*	pflegen, sorgen für, besorgen	*kurieren*
studēre, studeō *(m. Dat.)*	sich (wissenschaftlich) beschäftigen, sich bemühen (um), streben (nach)	*studieren, Student, e. to study*
multa *n Pl.*	viel(es)	
vīta	Leben, Lebensweise	*vital, Vitamin*
dīmittere, dīmittō, dīmīsī	aufgeben, entlassen	*e. to dismiss*

Fortsetzung →

(P. Cornēlius) Scīpiō (Āfricānus), Scīpiōnis — Publius Cornelius Scipio (Africanus) (Sieger über Hannibal)
Āfricā — Afrika
Poenī, Poenōrum — die Punier
Cornēlia — Cornelia (Tochter des Scipio Africanus)

F Relativpronomen (bezügliches Fürwort)

	Sg.		Pl.		
Nom.	quī	der (welcher)	quī	die (welche)	m
	quae	die (welche)	quae	die (welche)	f
	quod	das (welches)	quae	die (welche)	n
Gen.	cuius	dessen	quōrum	deren	m
	cuius	deren	quārum	deren	f
	cuius	dessen	quōrum	deren	n
Dat.	cui	dem	quibus	denen	m
	cui	der	quibus	denen	f
	cui	dem	quibus	denen	n
Akk.	quem	den (welchen)	quōs	die (welche)	m
	quam	die (welche)	quās	die (welche)	f
	quod	das (welches)	quae	die (welche)	n
Abl.	quō		quibus		m
	quā		quibus		f
	quō		quibus		n

Die Ablativformen müssen im Deutschen je nach Zusammenhang mit entsprechenden Präpositionalausdrücken (z. B. 'mit dem', 'in der') übersetzt werden.

S Relativsatz als Attribut

Hannibal, de *quo* certe iam audivistis, Romanos terruit.
Hannibal, von dem ihr sicher schon gehört habt, versetzte die Römer in Schrecken.

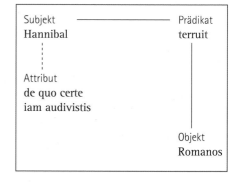

Das Relativpronomen richtet sich im **G**enus und **N**umerus nach seinem Bezugswort (**NG-Kongruenz**). Der Kasus wird jedoch wie im Deutschen von der Konstruktion des Relativsatzes bestimmt.

Die Relativsätze haben – wie der Genitiv oder das Adjektiv – meist die Satzgliedfunktion des Attributes. Sie geben eine Erläuterung zum Bezugswort (hier: Hannibal).

Relativer Satzanschluss

Aulus: „Comites in periculo sunt."
Aulus: „Die Gefährten sind in Gefahr."

Gaius: „*Quod* si ita est, comites servare debemus. Veni mecum!"
Gajus: „Wenn *dies* so ist, müssen wir die Gefährten retten. Komm mit mir!"

Quibus verbis amico respondet.
Mit *diesen* Worten antwortet er dem Freund.

Im Lateinischen kann – anders als im Deutschen oder Englischen – am Anfang eines Satzes statt eines Demonstrativpronomens ein Relativpronomen stehen, das sich auf ein Wort oder den Inhalt des vorhergehenden Satzes bezieht. Dadurch wird der Satz eng mit dem vorhergehenden verbunden. Im Deutschen muss man ein entsprechendes Demonstrativpronomen einsetzen.

Lateinische Wörter – überall in Europa:

pater	i. padre	s. padre	f. père	(e. father)	(dt. Vater)
homo	i. uomo	s. hombre	f. homme		
familia	i. famiglia	s. familia	f. famille	e. family	dt. Familie
vita	i. vita	s. vida	f. vie		
vox	i. voce	s. voz	f. voix	e. voice	
liber	i. libro	s. libro	f. livre		
solus	i. solo	s. solo	f. seul	e. sole	dt. „solo"
noster	i. nostro	s. nuestro	f. notre		
vester	i. vostro	s. vuestro	f. votre		

Das bekannteste christliche Gebet heißt nach seinem Beginn: „Pater noster" – „Vater unser"

An einer Ladentür in Italien steht: **Grazie per la Vostra visita!** – Danke für Ihren Besuch!

Wozu wird *appellare* im Französischen verwendet?

«Je m'appelle Madeleine.»
«Comment vous appelez-vous?»
«Je m'appelle Claudine; et il s'appelle Henry.»

Subjunktionen

quod	dass; weil		postquam	nachdem
quia	weil		si	falls, wenn

W

num?	etwa?	dēlectāre	erfreuen, unterhalten
propter	wegen	cōnsilium	Beratung, Beschluss, Plan, Rat
mulier	Frau	victōria	Sieg
apud	bei, nahe bei	nūntius	Bote, Nachricht

is, ea, id	dieser, diese, dieses; er, sie, es	
ācer, ācris, ācre	energisch, heftig, scharf	e. eager, f. âcre
dum *Subj.*	während, solange, (so lange) bis	
celeber, celebris, celebre	berühmt; belebt	zelebrieren, e. to celebrate, celebration
locus	Ort, Platz, Stelle	Lokal, lokal, Lokalisation
verba facere dē *m. Abl.*	Gespräche führen/reden über	
praestāre, praestō, praestitī *m. Dat.*	übertreffen	
vix *Adv.*	kaum, (nur) mit Mühe	
vērus, a, um	echt, richtig, wahr	veri-fizieren, e. very, f. vrai
etsī *Subj.*	auch wenn, obwohl	
alius ... alius	der eine ... der andere	
pulcher, pulchra, pulchrum	schön	
valēre, valeō	Einfluss haben, gesund sein, stark sein	Valenz, Rekonvaleszenz, In-valide
plus valere quam	mehr gelten als	
prīstinus, a, um	früher	
imperāre, imperō *(m. Dat.)*	befehlen, herrschen (über)	Imperativ
cum *Subj. m. Ind.*	(immer) wenn, als (plötzlich), (zu der Zeit) als	
quamquam *Subj.*	obwohl	
contentus, a, um *(m. Abl.)*	zufrieden (mit)	e./f. content
novus, a, um	neu, ungewöhnlich	Novum, renovieren, e. new
celer, celeris, celere	schnell	
perspicere, perspiciō, perspexī	erkennen, genau betrachten, sehen	Perspektive
cōpiae, cōpiārum *Pl.*	Truppen	Kopie, kopieren, e. copy
īnsidiae, īnsidiārum *Pl.*	Falle, Attentat, Hinterlist	
īnsidiās parāre	eine Falle stellen	
īnstituere, īnstituō, īnstituī	beginnen, einrichten, unterrichten	
nāvis, nāvis *f (Gen. Pl. -ium)*	Schiff	Navigation
iter facere	eine Reise machen	
monumentum	Denkmal	Monument, e./f. monument
imperium	Befehl, Befehlsgewalt, Herrschaft, Herrschaftsgebiet	Imperium, Imperialismus, e. empire
temperāre, temperō *m. Akk.*	lenken, ordnen	Temperament, Temperatur, temperieren

discēdere, discēdō, discessī	auseinandergehen, weggehen	
corpus, corporis *n*	Körper; Leichnam	*korpulent, corpus delicti*
		e. corpse, f. corps
amor, amōris *m*	Liebe	*f. amour*
sibi *Dat.*	sich	
adiungere, adiungō, adiūnxī	hinzufügen, anschließen	
sibi adiungere	für sich gewinnen	
conicere, coniciō, coniēcī	(zusammen)werfen; folgern, vermuten	*Konjektur*
potentia	Macht	*Potenz*
dare, dō, dedī	geben	
stāre, stō, stetī	stehen	
Cleopatra	Kleopatra (Königin Ägyptens)	
Aegyptus, Aegyptī *f*	Ägypten	
Gallia	Gallien	
(Cn.) Pompēius (Magnus)	Gnäus Pompejus Magnus	
	(Hauptgegner Cäsars im Bürgerkrieg)	
Nīlus	Nil	

F ❶ Pronomen is (Demonstrativ-, Personal-, Possessivpronomen)

	Sg.		Pl.		
Nom.	is	dieser/er	iī/eī	diese/sie	m
	ea	diese/sie	eae	diese/sie	f
	id	dieses/es	ea	diese/sie	n
Gen.	eius	(dessen) sein	eōrum	(deren) ihr	m
	eius	(deren) ihr	eārum	(deren) ihr	f
	eius	(dessen) sein	eōrum	(deren) ihr	n
Dat.	eī	diesem/ihm	eīs/iīs	diesen/ihnen	m
	eī	dieser/ihr	eīs/iīs	diesen/ihnen	f
	eī	diesem/ihm	eīs/iīs	diesen/ihnen	n
Akk.	eum	diesen/ihn	eōs	diese/sie	m
	eam	diese/sie	eās	diese/sie	f
	id	dieses/es	ea	diese/sie	n
Abl.	eō		iīs/eīs		m
	eā		iīs/eīs		f
	eō		iīs/eīs		n

② Adjektive der 3. Deklination (dreiendige)

Beispiel: **acer** *(m)* **acris** *(f)* **acre** *(n)*   energisch, heftig, scharf

	Sg. m	f	n	Pl. m	f	n
Nom.	acer	acr-is	acr-e	acr-ēs	acr-ēs	acr-ia
Gen.		acr-is			acr-ium	
Dat.		acr-ī			acr-ibus	
Akk.	acr-em	acr-em	acr-e	acr-ēs	acr-ēs	acr-ia
Abl.		acr-ī			acr-ibus	

TIPP! Wie bei den Substantiven kommen auch bei den Adjektiven bestimmte Endungen in allen Deklinationen vor, z.B. -i und -is. In all diesen Fällen musst du die Deklinationsklasse des Adjektivs kennen, um die Form bestimmen zu können.
Pulchri kann z.B. Gen. Sg. *m*, Gen. Sg. *n* oder Nom. Pl. *m* sein, **acri** dagegen Dat. oder Abl. Sg. aller drei Genera.

S ① Pronomen is: Verwendung

Die Formen des Pronomens **is** erfüllen mehrere Funktionen:

a)   is vir   is, qui bene dicit
         dieser Mann   der(jenige), der gut spricht

Das Pronomen **is** wird häufig als **Demonstrativpronomen** (hinweisendes Fürwort) gebraucht.

b)   Ubi est Marcus?   Quis *eum* vidit?
         Wo ist Markus?   Wer hat *ihn* gesehen?

Oft wird das Pronomen **is** auch als **Personalpronomen** (persönliches Fürwort) anstelle einer bereits genannten Person oder Sache verwendet.

c)   Ciceronem non ignoramus. Orationes *eius* clarae sunt.   Cicero oratione *sua* vicit.
         Wir kennen Cicero gut. *Seine (Dessen)* Reden sind berühmt. Cicero gewann mit *seiner* Rede.

Die Genitivformen werden meist als **Possessivpronomen** (besitzanzeigendes Fürwort) verwendet.
Formen des Possessivpronomens **suus, a, um** werden nur gebraucht, wenn sich das Pronomen auf das Subjekt des Satzes (hier: Cicero) bezieht.
Man nennt diese Verwendung von **suus, a, um reflexiv** (rückbezüglich).

② Gliedsätze: Sinnrichtungen der Adverbialsätze

Die **Subjunktionen** (unterordnende Bindewörter) drücken die **Sinnrichtung** des jeweiligen Gliedsatzes aus. Nach den verschiedenen Sinnrichtungen unterscheidet man vor allem die folgenden Adverbialsätze:

- **Temporalsätze:** Gliedsätze mit Zeitangaben (z. B. während ..., nachdem ...)
- **Kausalsätze:** Gliedsätze, die einen Grund angeben (z. B. weil ...)
- **Konzessivsätze:** Gliedsätze, die einen Grund angeben, weshalb das Geschehen im Hauptsatz eigentlich nicht stattfinden könnte oder sollte bzw. nicht hätte stattfinden können oder sollen (z. B. obwohl ...)
- **Konditionalsätze:** Gliedsätze, die eine Bedingung enthalten (z. B. wenn ...)

TIPP!

Dum Cicero de Catilina *dicit* (Präs.), senatores clamaverunt.
Während Cicero über Catilina *sprach* (Präteritum), riefen die Senatoren laut.

Postquam Cicero de Catilina *dixit* (Perf.), curiam reliquit.
Nachdem Cicero über Catilina *gesprochen* hatte (Plusqpf.), verließ er die Kurie.

Besonders aufpassen musst du bei den Subjunktionen **dum** und **postquam**. Nach **dum** („während") steht immer Präsens, nach **postquam** immer Perfekt. Im Deutschen steht nach „während" das gleiche Tempus wie im Hauptsatz, auf „nachdem" folgt meist das Plusquamperfekt.

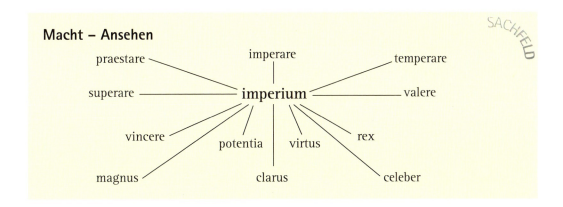

imper-are	vincere, vinco, vic-i
imper-ator	vic-tor
imper-ium	vic-tor-ia

Latein	Deutsch	Verwandt
aedēs	Haus, Gebäude	
petere	(auf)suchen, (er)streben, bitten, verlangen	
paulō	(um) ein wenig	
cognōscere	erkennen, kennenlernen	
uxor	Ehefrau	
conicere	(zusammen)werfen, folgern, vermuten	

quaerere, quaerō, quaesīvī	erwerben wollen, suchen	re-quirieren, Re-quisite
prōtinus *Adv.*	sofort	
ruere, ruō, ruī	eilen, stürmen, stürzen	
nōnnūllī, ae, a	einige, manche	
caput, capitis *n*	Kopf, Haupt; Hauptstadt	Kap, Kapitel, Kapitän
abdūcere, abdūcō, abdūxī	wegführen	
mora	Aufenthalt, Verzögerung	
putāre, putō	glauben, meinen	Com-puter, Dis-put
putāre *m. dopp. Akk.*	halten für	
rapere, rapiō, rapuī	wegführen, rauben, wegreißen	rapide
indicāre, indicō	anzeigen, melden	Indikativ, Index, Indikator
quīn *im Hauptsatz*	vielmehr; warum nicht?	
adesse, adsum, adfuī	da sein; helfen	
continēre, contineō	festhalten	Container, e. to contain
intereā *Adv.*	inzwischen, unterdessen	
ante *Adv.*	vorher	
paulō ante	kurz vorher	
mittere, mittō, mīsī	(los)lassen, schicken, werfen	Messe, Mission, f. mettre
manifestus, a, um	offenkundig; überführt	Manifest
nēmō, nēminis	niemand	
committere, committō, commīsī	anvertrauen, veranstalten, zustande bringen	Kommission, Kommissar, e. to commit, f. commettre
scelus committere	ein Verbrechen begehen	
nefārius, a, um	gottlos, verbrecherisch	e. nefarious
iubēre, iubeō, iussī *m. Akk.*	anordnen, befehlen	
nūper *Adv.*	neulich, vor kurzem	
īnfestus, a, um	feindlich, feindselig	
laedere, laedō, laesī	beschädigen, verletzen	lädieren
auctor, auctōris *m*	Anführer, Gründer, Ratgeber, Verfasser	Autor, e. author, f. auteur
quidem *Adv.*	freilich, gewiss, wenigstens, zwar	
apertus, a, um	offen, offenkundig	
reperīre, reperiō, repperī	(wieder)finden	Repertoire
priusquam *Subj. m. Ind.*	bevor, eher als	
dēdūcere, dēdūcō, dēdūxī	hinführen, wegführen	Deduktion
tam	so	
improbus, a, um	schlecht, unanständig	
suspīciō, suspīciōnis *f*	Verdacht, Vermutung	e./f. suspicion
ēripere, ēripiō, ēripuī	entreißen	

F Verben: Infinitiv Perfekt

vocā-v-isse   gerufen (zu) haben
fu-isse   gewesen (zu) sein

Der Infinitiv Perfekt wird gebildet, indem an den Perfektstamm die Endung **-isse** angefügt wird.

S Akkusativ mit Infinitiv (AcI)

a) Erscheinungsform und Übersetzung

Claudia amicum laborare videt.
Claudia sieht einen Freund arbeiten.
Claudia sees a friend work.

Eine dem AcI ähnliche Konstruktion, bei der nach bestimmten Verben zu einem Akkusativobjekt (hier: amicum) ein Infinitiv (hier: laborare) hinzukommt, gibt es auch im Deutschen und Englischen.

Claudia amicum laborare scit.
Claudia weiß, dass der Freund arbeitet.

Im Lateinischen ist der **AcI (Accusativus cum Infinitivo)** jedoch viel häufiger und kommt meist nach Verben vor, bei denen eine wörtliche Wiedergabe im Deutschen nicht möglich ist. Die gebräuchlichste Übersetzung ist ein mit 'dass' eingeleiteter Gliedsatz.

b) Zeitverhältnis

Claudia amicum labora*re* scit.   Claudia amicum labora*re* scivit.
Claudia *weiß*, dass der Freund *arbeitet*.   Claudia *wusste*, dass der Freund *arbeitete*.

Die Formen des **Infinitiv Präsens** drücken aus, dass das Geschehen des AcI mit dem des Prädikats gleichzeitig abläuft; sie bezeichnen die **Gleichzeitigkeit (Infinitiv der Gleichzeitigkeit)**.

Claudia amicum labora*visse* scit.   Claudia amicum labora*visse* scivit.
Claudia *weiß*, dass der Freund *gearbeitet hat*.   Claudia *wusste*, dass der Freund *gearbeitet hatte*.

Die Formen des **Infinitiv Perfekt** drücken aus, dass das Geschehen des AcI vor dem des Prädikats stattgefunden hat; sie bezeichnen die **Vorzeitigkeit (Infinitiv der Vorzeitigkeit)**.

c) Der AcI als satzwertige Konstruktion

Claudia scit: *Amicus laborat.*	Claudia *amicum laborare* scit.
Claudia weiß: *Der Freund arbeitet.*	Claudia weiß, *dass der Freund arbeitet.*

Man kann den AcI als einen eigenständigen Aussagesatz verstehen, der in einen anderen Satz hineingenommen und von dessen Prädikat abhängig gemacht wurde.
Der AcI wird deshalb als **satzwertige Konstruktion** bezeichnet.

Der Infinitiv kann durch Objekte, Adverbialien oder Prädikatsnomina ergänzt werden:

Amicum Claudiae diu laboravisse scimus.
Wir wissen, dass Claudias Freund lange gearbeitet hat.

Claudiam contentam fuisse scimus.
Wir wissen, dass Claudia zufrieden war.

Das Prädikatsnomen (hier: **contentam**) steht im AcI ebenfalls im Akkusativ.

TIPP!

Durch Objekte, Adverbialien oder Prädikatsnomina können der Akkusativ und der Infinitiv manchmal weit voneinander getrennt sein. Dies kann dir das Erkennen des AcI erschweren. Andererseits hilft es, wenn du weißt, dass die von dem Akkusativ und dem Infinitiv „eingerahmten" Wörter zum AcI gehören, z. B.:
Amicum Claudiae diu *laboravisse* scimus.   Markiere deshalb, bevor du übersetzt, den AcI.

d) Satzgliedfunktion

Amicum laborare manifestum est.
Es ist offenkundig, dass der Freund arbeitet.

Claudia amicum laborare scit.
Claudia weiß, dass der Freund arbeitet.

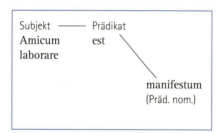

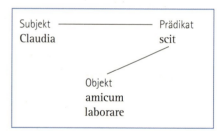

- Nach unpersönlichen Ausdrücken (z. B. **manifestum est**) steht der AcI als Subjekt.
- Nach Verben des Wahrnehmens (z. B. **videre, audire**), des Meinens oder Wissens (z. B. **putare, scire**), des Redens oder Erzählens (z. B. **dicere, narrare**) steht der AcI als Objekt.

Imperator ludos committit.	Der Kaiser veranstaltet Spiele.
Populus Caesari imperium committit.	Das Volk vertraut Cäsar die Befehlsgewalt (den Oberbefehl) an.
Fur scelus committit.	Der Dieb begeht ein Verbrechen.
Milites bellum gerunt.	Die Soldaten führen Krieg.
Servae labores gerunt.	Die Sklavinnen verrichten ihre Arbeiten (führen ... aus).
Servus liberos curat.	Der Sklave sorgt für (kümmert sich um) die Kinder.
Servus senem curat.	Der Sklave pflegt den alten Mann.
Dominus serv*um* venire iubet.	Der Herr befiehlt dem Sklaven zu kommen.
	Der Herr befiehlt, dass der Sklave kommt.

KONTEXT

15

hospes	Fremder, Gast, Gastgeber	umerus	Oberarm, Schulter
accēdere	herbeikommen, hinzukommen	profectō	sicherlich, tatsächlich
iterum	wiederum	deinde	dann, darauf
tandem	endlich	dubitāre	zögern

paene *Adv.*	fast, beinahe	
negāre, negō	verneinen, leugnen; verweigern	*negativ, Negation, e. to deny*
prīmus, a, um	der erste	*Primus, prima, Primaten*
lūx, lūcis *f*	Licht, Tageslicht	
prīmā lūce	bei Tagesanbruch *(wann?)*	
ūsque ad *m. Akk.*	bis zu	
nox, noctis *f (Gen. Pl.* -ium*)*	Nacht	
multā nocte	in tiefer Nacht *(wann?)*	
aut	oder	
numquam *Adv.*	niemals	
exīstimāre, exīstimō	(ein)schätzen, meinen	
sentīre, sentiō, sēnsī	fühlen, meinen, wahrnehmen	*sensibel, sentimental*
vīs *(Akk.* vim, *Abl.* vī*) f*	Gewalt, Kraft; Menge	
vīres, vīrium *f Pl.*	(Streit-)Kräfte	
dēficere, dēficiō, dēfēcī	abnehmen, ermatten; verlassen, ausgehen	*Defekt, Defizit*
dextera	die rechte Hand, die Rechte	
animus	Geist, Mut, Gesinnung	*Animosität, animieren*
animō dēficere	den Mut sinken lassen	
nōn debēre	nicht dürfen	
contendere, contendō, contendī	behaupten; eilen; sich anstrengen	
plērīque, plēraeque, plēraque	die meisten, sehr viele	
mēcum *Abl.*	mit mir	
crēscere, crēscō, crēvī	wachsen	*kon-kret, crescendo, e. to increase, f. croître*
angustus, a, um	eng, schwierig	*Angina, Angst*
iterum atque iterum	immer wieder	
quaerere ex *m. Abl.*	jmd. fragen	
ambō, ambae, ambō	beide (zusammen)	
oportet, oportuit	es gehört sich, es ist nötig	
vērō *Adv.*	aber; in der Tat, wirklich	
immō (vero) *Adv.*	ja sogar, vielmehr; im Gegenteil	
concēdere, concēdō, concessī	erlauben, nachgeben, zugestehen	*Konzessivsatz, Konzession, e. to concede, f. concéder*
virgō, virginis *f*	Mädchen	*e. virgin, f. vierge*
sēcum *Abl.*	mit sich, bei sich	
Capua	Capua (Stadt im westlichen Mittelitalien)	
Athēnae, Athēnārum	Athen (bedeutende Stadt in Griechenland)	

F Reflexivpronomen (rückbezügliches Fürwort)

	Sg. und Pl.	Sg. und Pl.
Nom.	–	–
Gen.	suī	seiner / ihrer
Dat.	sibi	sich
Akk.	sē	sich
Abl.	ā sē / sēcum	von sich / mit sich

Zum Reflexivpronomen der 3. Person gibt es jeweils nur eine Form für alle drei Genera sowie für Singular und Plural. Im Deutschen gibt es nur im Gen. Sg. zwei verschiedene Formen, nämlich 'seiner' und 'ihrer'.

S

① Pronomina im AcI

Balbus *se* servum bonum esse putat.
Balbus meint, dass *er (selbst)* ein guter Sklave ist.

Steht ein Reflexivpronomen der 3. Pers. in einem AcI, so bezieht es sich in der Regel auf das Subjekt des Satzes.

Etiam dominus *eum* servum bonum esse putat.
Auch sein Herr meint, dass *er / dieser (Balbus)* ein guter Sklave ist.

Formen des Pronomens is in einem AcI beziehen sich auf eine andere bereits genannte Person oder Sache bzw. andere bereits genannte Personen oder Sachen.

② Ablativ als Adverbiale: Ablativ der Zeit

multā nocte   primā luce
in tiefer Nacht   bei Tagesanbruch

Der Ablativ wird auch zur Angabe einer Zeit (Ablativus temporis) verwendet. Wir fragen „wann?".

WORTBILDUNG

Vergleiche: imperare   orare
                  imperator   oratio

Erschließe nun die Bedeutung von **orator**.

Leite auch ab: accusator, curator, triumphator.

Was drücken wohl die Substantive auf -tor aus?

16

W

duo	zwei	repente	plötzlich
diū	lange Zeit	ostendere	zeigen, darlegen
terrēre	erschrecken	animadvertere	bemerken, wahrnehmen
cōgitāre	denken, beabsichtigen	lacrima	Träne

īre, eō, iī	gehen	
inīre, ineō, iniī	hineingehen; beginnen	
longus, a, um	lang, weit	*e./f. long*
quiēscere, quiēscō, quiēvī	(aus)ruhen; schlafen	
obscūrus, a, um	dunkel, unbekannt	*obskur, e. obscure*
mare, maris n (Abl. Sg. -ī; Nom./Akk. Pl. -ia; Gen. Pl. -ium)	Meer	*Marine, maritim, f. mer*
trānsīre, trānseō, trānsiī	hinübergehen, überschreiten	
sedēre, sedeō, sēdī	sitzen	*e. to sit*
observāre, observō	beobachten	*f. observer*
neque … neque	weder … noch	
ventus	Wind	*Ventil, Ventilator*
adversus, a, um	entgegengesetzt, feindlich	
turbāre	durcheinanderbringen, stören	*e. to trouble*
unda	Welle, Gewässer	*f. onde*
cēterī, ae, a	die Übrigen	*etc. (et cetera)*
nauta m	Seemann, Matrose	
ostendere, ostendō, ostendī	zeigen, darlegen	
celeritās, celeritātis f	Schnelligkeit	*Ak-zeleration*
volāre, volō	fliegen; eilen	*Voliere*
pīrāta m	Pirat, Seeräuber	
armātus, a, um	bewaffnet	
adīre, adeō, adiī (m. Akk.)	herantreten (an), bitten	
contrā m. Akk.	gegen	*Kontrast, Konter, konträr*
somnus	Schlaf	
excitāre, excitō	wecken, erregen, ermuntern	
resistere, resistō, restitī	stehenbleiben; Widerstand leisten	*resistent, e. to resist*
scelerātus, a, um	schädlich, verbrecherisch; *Subst.* Verbrecher	
captīvus, a, um	gefangen; *Subst.* (Kriegs-)Gefangener	*e. captive*
trahere, trahō, trāxī	schleppen, ziehen	*Traktor*
intus *Adv.*	im Inneren, innen	
surgere, surgō, surrēxī	sich aufrichten, sich erheben, aufstehen	
pariter *Adv.*	ebenso, gleichzeitig	
convertere, convertō, convertī	verändern, (um)wenden; richten (auf)	
quotiēns	wie oft, so oft	*Quotient*
fīnis, finis m (Gen. Pl. -ium)	Grenze, Ende; Ziel, Zweck; *Pl.* Gebiet	*Finale, final*
dēsīderāre, dēsīderō m. Akk.	sich sehnen nach, vermissen	*Desiderat, Désirée, e. to desire*
Neptūnus	Neptun (Gott des Meeres)	

F

1 Verben: Imperfekt (1. Vergangenheit)

	Sg.	Pl.	
1. Pers.	vocā-ba-m	vocā-bā-mus	ā-Konjugation
2. Pers.	vocā-bā-s	vocā-bā-tis	
3. Pers.	vocā-ba-t	vocā-ba-nt	
1. Pers.	monē-ba-m	usw.	ē-Konjugation
1. Pers.	audi-ēba-m	usw.	ī-Konjugation
1. Pers.	ag-ēba-m	usw.	kons. Konjugation
	faci-ēba-m	usw.	
1. Pers.	er-a-m	usw.	Hilfsverb

Mit Ausnahme der 1. Pers. Sg., die auf **–m** endet (vgl. sum), sind alle Personalendungen gegenüber dem Präsens unverändert.

Tempuszeichen für das Imperfekt ist **-ba-** bzw. **-ēba-**.

Vollständige Tabellen befinden sich im Tabellarium, S. 130 ff., und auf S. 66 f.

2 Verben: ire

a) Infinitiv Präsens: ī-re gehen

b) Tempusformen

	Präsens Sg.	Pl.	Imperfekt Sg.		Perfekt Sg.	Pl.
1. Pers.	e-ō	ī-mus	ī-ba-m	usw.	i-ī	i-imus
2. Pers.	ī-s	ī-tis			īstī	īstis
3. Pers.	i-t	e-u-nt			i-it	i-ērunt

c) Imperativ ī geh! ī-te geht!

Der Präsensstamm besteht allein aus dem Vokal **i-**, der vor dunklen Vokalen zu **e-** wird. Ansonsten sind die Formen regelmäßig.

Der Perfektstamm, der ebenfalls **i-** lautet, wird manchmal mit dem folgenden **-i-** der Endung verschmolzen. Der Infinitiv Perfekt lautet **īsse**.

S Verwendung des Imperfekts

Wie im Deutschen und Englischen kommen auch im Lateinischen drei verschiedene **Tempora** (Zeiten) für Handlungen oder Vorgänge in der Vergangenheit vor.
Sie heißen

lateinisch	deutsch	englisch
Imperfekt	Präteritum / Imperfekt	*Past (Tense)*
Perfekt	Perfekt	*Present Perfect*
Plusquamperfekt (vgl. 18 S)	Plusquamperfekt	*Past Perfect*

Diese Vergangenheitstempora werden in den drei Sprachen zum Teil unterschiedlich verwendet.

Das **lateinische Imperfekt** bezeichnet vor allem

– Zustände oder den Hintergrund zu einer Handlung in der Vergangenheit:

  Romani in itineribus pericula timebant; itaque Lucius cum Tito amico iter fecit.
  Die Römer fürchteten auf Reisen Gefahren; daher unternahm Lucius zusammen mit seinem Freund Titus die Reise.

– wiederholte Handlungen oder Ereignisse in der Vergangenheit:

  Populus Romanus iterum atque iterum bella gerebat.
  Das römische Volk führte immer wieder Kriege.

T Tempora in erzählenden Texten

Die Verwendung der Tempora in den Hauptsätzen gibt Hinweise für das Verständnis eines Textes.

Das **Präsens** bezeichnet meist gegenwärtige Handlungen oder allgemeingültige Feststellungen. In Erzählungen und Schilderungen wird das Präsens – wie im Deutschen oder Englischen – auch dazu verwendet, ein Geschehen der Vergangenheit (z. B. auf dem Höhepunkt der Handlung) anschaulicher und spannender zu gestalten. Man nennt diese Verwendungsweise **historisches (oder dramatisches) Präsens**.

Das **Imperfekt** bezeichnet vor allem Vorgänge, die die Haupthandlung begleiten oder erläutern; auch Hintergrundinformationen stehen im Imperfekt.

Das **Perfekt** wird verwendet, um die einzelnen Etappen der Haupthandlung zu bezeichnen; es ist im Lateinischen vor allem das Erzähltempus und entspricht damit weitgehend dem Präteritum / Imperfekt im Deutschen (vgl. auch 9 S).

Wie man die Kenntnisse zur Verwendung der Tempora anwendet, kannst du im **Textband** auf **S. 89** (linke Spalte) nachvollziehen. Dort wird anhand einer Passage aus T 16 ein „Tempusrelief" erläutert.

W

ōrāre	bitten	virtūs	Tapferkeit, Tüchtigkeit, Vortrefflichkeit, Leistung
cupere	verlangen, wünschen, wollen		
crēdere	anvertrauen, glauben	sors	Los, Orakelspruch, Schicksal
quō	wie, wo, wohin	dēnique	schließlich, zuletzt
mīles	Soldat		

fortis, e	tapfer, kräftig	*f. fort*
fallere, fallō, fefellī	täuschen, betrügen	
probus, a, um	anständig, gut	
parvus, a, um	klein, gering	
nec/neque	und nicht, auch nicht, nicht einmal	
nec … nec	weder … noch	
fugere, fugiō, fūgī *m. Akk.*	fliehen (vor), meiden	
dēserere, dēserō, dēseruī	verlassen, im Stich lassen	*desertieren, Deserteur, e. desert*
quisnam, quidnam	wer denn, was denn?	
quoque *(nachgestellt)*	auch	
accidere, accidō, accidī	geschehen, sich ereignen	*e. accident*
classis, classis *f*	Flotte; Abteilung	*Klasse, e. class, f. classe*
cingere, cingō, cinxī	umgeben, umzingeln	
regere, regō, rēxī	beherrschen; leiten, lenken	*regieren, Regent, Rektor*
potēns, potentis	mächtig, stark	*potent, e. potent*
ēicere, ēiciō, ēiēcī	hinauswerfen, vertreiben	*„EJECT"*
vel … vel	entweder … oder	
comprehendere, comprehendō, comprehendī	begreifen, ergreifen, festnehmen	*e. to comprehend*
gladius	Schwert	*Gladiole, Gladiator*
pūgna	Kampf	
brevis, e	kurz	*Brief, e. brief*
omnis, e	ganz, jeder; Pl. alle	*Omnibus, omni-potent*
nōbilis, e	adelig, berühmt, vornehm	*nobel, e. noble*
praeda	Beute	
latēre, lateō	verborgen sein	*latent*
perīre, pereō, periī	zugrunde gehen, umkommen	*e. to perish*
incolumis, e	unverletzt, wohlbehalten	
fortūna	Glück, Schicksal	*e./f. fortune*
adicere, adiciō, adiēcī	hinzufügen	*Adjektiv*
quam	als; wie	
stultus, a, um	dumm	*stolz*
grātus, a, um	dankbar, willkommen, beliebt	*gratulieren, e. grateful*
Fortūna	Fortuna (Göttin des Schicksals, des Glücks und des Unglücks)	

F

1 Interrogativpronomen (Fragepronomen)

a) substantivisch

quis? wer?
quid? was?

	m/f	n
Nom.	quis	quid
Gen.	cuius	
Dat.	cui	
Akk.	quem	quid
Abl.	ā quō / quōcum	

Quis templum spectat?
Wer betrachtet den Tempel?

b) adjektivisch

qui ...? quae ...? quod ...?   welcher ...? welche ...? welches ...?

Qui vir (quae mulier) templum spectat?
Welcher Mann (welche Frau) betrachtet den Tempel?

Wird das Interrogativpronomen (Fragepronomen) adjektivisch verwendet, so stimmen die Deklinationsformen mit denen des Relativpronomens (qui, quae, quod) überein (vgl. 12 **F**).

Fragewörter

cur	warum	quin	warum nicht	quisnam	wer denn
ubi	wo	quotiens	wie oft	quid	was
quo	wie, wo, wohin	quis	wer		

---

2 Adjektive der 3. Deklination (ein- und zweiendige)

a) Einendige Adjektive

Beispiel: **potens** *(m)* **potens** *(f)* **potens** *(n)*   mächtig, stark

	Sg.		Pl.	
	m/f	n	m/f	n
Nom.	potēns		potent-ēs	potent-ia
Gen.	potent-is		potent-ium	
Dat.	potent-ī		potent-ibus	
Akk.	potent-em	potēns	potent-ēs	potent-ia
Abl.	potent-ī		potent-ibus	

Da bei den einendigen Adjektiven der Wortstamm nicht an den Formen des Nom. Sg. zu erkennen ist, wird im Wortschatz der Gen. Sg. mit angegeben, z. B. potens, potentis.
Bei allen anderen Adjektiven sind im Wortschatz die Genera angegeben.

b) **Zweiendige Adjektive**

Beispiel: **fortis** *(m)* **fortis** *(f)* **forte** *(n)*   tapfer

	Sg. m/f	n	Pl. m/f	n
Nom.	fort-is	fort-e	fort-ēs	fort-ia
Gen.	fort-is		fort-ium	
Dat.	fort-ī		fort-ibus	
Akk.	fort-em	fort-e	fort-ēs	fort-ia
Abl.	fort-ī		fort-ibus	

S   Wort- und Satzfragen

a) **Wortfragen**

Sie werden mit einem Fragewort eingeleitet: *Quis* venit? *Wer* kommt?

b) **Satzfragen**

Sie können mit drei verschiedenen Fragepartikeln beginnen:

Venit-ne?	Kommt er?	**-ne** lässt die Antwort offen.
Nonne venit?	Kommt er (etwa) nicht?	**Nonne** zeigt, dass der Fragende die Antwort „ja (doch)" erwartet.
Num venit?	Kommt er etwa?	**Num** zeigt, dass der Fragende die Antwort „nein" erwartet.

Fragen im **Lateinischen** und **Französischen**:

Ubi est ...?   f. où est ...?
Quis est ...?   f. qui est ...?

LATEIN LEBT

Einige **lateinische Verben** – in den **modernen Fremdsprachen** in gleicher Bedeutung:

venire	i. venire	s. venir	f. venir	
sentire	i. sentire	s. sentir	f. sentir	
narrare	i. narrare	s. narrar	f. narrer	
perire	i. perire	s. perecer	f. périr	e. to perish
desiderare	i. desiderare	s. desear	f. désirer	e. to desire

LATEIN LEBT

W

libenter	gern	bene	gut
gerere	ausführen, führen, tragen	licet	es ist erlaubt, es ist möglich
nūntius	Bote, Nachricht	parēre	gehorchen, sich richten nach
hīc	hier	monēre	(er)mahnen

arx, arcis *f (Gen. Pl.* -ium*)*	Burg	
dōnāre, dōnō	schenken	
gravis, e	schwer	*gravierend, e./f. grave*
auris, auris *f (Gen. Pl.* -ium*)*	Ohr	*e. ear*
aurēs praebēre	Gehör schenken, zuhören	
impius, a, um	gottlos, gewissenlos	*e. impious*
sē gerere	sich verhalten	
iūcundus, a, um	angenehm, erfreulich	
posterī, posterōrum *Pl.*	die Nachkommen	
illīc *Adv.*	dort	
vehemēns, vehementis	heftig, energisch, kritisch	*vehement, e. vehement*
pius, a, um	fromm, gerecht, pflichtbewusst	*Pietät, Pius, Pia*
fuga	Flucht	*Fuge, Refugium*
regiō, regiōnis *f*	Gebiet, Gegend, Richtung	*Region, regional, e. region*
cessāre, cesso	rasten, zögern	
paucī, ae, a	wenige	
lītus, lītoris *n*	Küste, Strand	*Lido*
dolus	List, Täuschung	
flectere, flectō, flexī	biegen, (hin)lenken; umstimmen	*flektieren, Flexion, re-flektieren, flexibel, flechten*
temptāre, temptō	angreifen; prüfen, versuchen	*e. temptation*
turpis, e	(sittlich) schlecht, hässlich, schändlich	
crūdēlis, e	grausam	*e./f. cruel*
fēmina	Frau	*Femininum, feminin*
acerbus, a, um	bitter, grausam, rücksichtslos	
trīstis, e	traurig, unfreundlich	*trist, f. triste*
addere, addō, addidī	hinzufügen	*Addition, e. to add*
nimis *Adv.*	(all)zu, (all)zu sehr	
crēdere, crēdō, crēdidī	anvertrauen, glauben	
fātum	Schicksal, Götterspruch	*fatal, e. fate*
respondēre, respondeō, respondī	antworten, entsprechen	
prōmittere, prōmittō, prōmīsī	versprechen	*e. to promise, f. promettre*
sponte meā (tuā, suā)	freiwillig, aus eigener Kraft, von selbst	*spontan, e. spontaneous*
dēsinere, dēsino, dēsiī	aufhören	
vertere, vertō, vertī	drehen, wenden	
ingens, ingentis	gewaltig, ungeheuer	
flamma	Feuer, Flamme	*e. flame, f. flamme*
nōmen, nōminis *n*	Name	*Nomen, e. name, f. nom*

F

1 Verben: Plusquamperfekt (3. Vergangenheit)

Sg.		
1. Pers.	vocā-v-era-m	ich hatte gerufen
	mon-u-era-m	ich hatte ermahnt
	mān-s-era-m	ich war geblieben
	dēfend-era-m	ich hatte verteidigt
	cucurr-era-m	ich war gelaufen
	vēn-era-m	ich war gekommen
	fu-era-m	ich war gewesen

Die Formen des Plusquamperfekts bestehen bei allen Verben aus dem Perfektstamm, dem Kennzeichen -era- und den Imperfekt-Endungen.

Vollständige Tabellen befinden sich im Tabellarium, S. 132 f., und S. 66 f.

2 Adverbbildung

Es gibt Wörter, die nur als Adverbien vorkommen (z. B. nunc, hodie), sowie Adverbien, die von Adjektiven gebildet werden.

improb-ē	unanständig
celer-iter	schnell
vehement-er	heftig

Adverbien werden gebildet, indem die folgenden Endungen an den Wortstamm angefügt werden:

- bei Adjektiven der a- und o-Deklination -ē ,
- bei Adjektiven der 3. Deklination -iter .
  Endet der Wortstamm auf -nt, wird nur -er angefügt.

Die Formen des Adverbs werden nicht gebeugt.

S

1 Verwendung des Plusquamperfekts

Servus fures viderat. Itaque ad dominum cucurrit.
Der Sklave hatte die Diebe gesehen. Deshalb lief er zu seinem Herrn.

Servus ad dominum cucurrit, quia fures viderat.
Der Sklave lief zu seinem Herrn, weil er die Diebe gesehen hatte.

Das Plusquamperfekt wird im Lateinischen ebenso verwendet wie das Plusquamperfekt im Deutschen und das Past Perfect im Englischen: Es bezeichnet einen Vorgang der Vergangenheit, der zeitlich vor einem anderen – ebenfalls vergangenen – Vorgang liegt (Vorvergangenheit).

2 Adverb als Adverbiale

equus celer	Equus celer est.	Equus celeriter currit.
das schnelle Pferd	Das Pferd ist schnell.	Das Pferd läuft schnell.

Während das Adjektiv als Attribut oder Prädikatsnomen (vgl. 10 S 2 und 3) ein Substantiv näher bestimmt, informiert das **Adverb** über die näheren Umstände des Verbalinhalts (Ad-verb).

Adverbien haben die Satzgliedfunktion des Adverbiales. Sie sind keine notwendigen Bestandteile des Satzes. Von Adjektiven abgeleitete Adverbien geben gewöhnlich an, wie etwas geschieht.
Wir fragen „auf welche Art und Weise?".

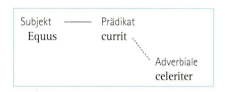

Andere Adverbien (z.B. ibi, tum, itaque) können – wie auch ein Gliedsatz (vgl. 13 S 2) oder ein Präpositionalausdruck (vgl. z.B. 3 S 2) – Aufschluss über Ort, Zeit oder Grund eines Geschehens geben.

WORTBILDUNG

Vergleiche: probus   pius   amicus
                  improbus   impius   inimicus

Erschließe die Bedeutungen von ingratus, impotens und indignus.

Vergleiche: manare
                  remanare

Was bedeuten dann reducere, remittere und recedere?

LATEIN LEBT

Lateinische **Adjektive** und **Adverbbildung** – vergleiche das **Französische**:

gravis	–	grav-*iter*	f. grave	–	grave-*ment*
crudelis	–	crudel-*iter*	f. cruel	–	cruelle-*ment*
fortis	–	fort-*iter*	f. fort	–	forte-*ment*

SACHFELD

Militär

	miles		temptare
	copiae		defendere
bellum	vires	fortis	occupare
pugna	legio	armatus	deserere
proelium	classis	captivus	cingere

apud	bei, nahe bei	enim	in der Tat, nämlich
paulō	(um) ein wenig	tūtus	sicher (vor)
ōrātiō	Rede	immō vērō	ja sogar, im Gegenteil, vielmehr
nūntiāre	melden	āra	Altar

lēgātiō, lēgātiōnis *f*	Gesandtschaft	De-legation, e. delegation
sacerdōs, sacerdōtis *m/f*	Priester(in)	
quandō?	wann?	
tandem *im Aussagesatz*	endlich;	
im Fragesatz	denn eigentlich	
facere fīnem *m. Gen.*	beenden, aufhören (mit)	
sortem dare	einen Orakelspruch geben	
lēgātus	Gesandter, Bevollmächtigter	Legat
intellegere, intellegō, intellēxī	(be)merken, verstehen	Intellekt, intelligent, Intelligenz
redīre, redeō, rediī	zurückgehen, zurückkehren	
comperīre, comperiō, comperī	(genau) erfahren	
voluntās, voluntātis *f*	Absicht, Wille, Zustimmung	
cōnscius, a, um *(m. Gen.)*	bewusst, eingeweiht (in), *Subst.* Teilnehmer, Zeuge	
supplicium	flehentliches Bitten; Strafe, Hinrichtung	
ac (~ atque)	und, und auch	
cīvitās, cīvitātis *f*	Bürgerrecht, Gemeinde, Staat	e. city, f. cité
multum *Adv.*	sehr, viel	
multum valēre	viel gelten	
superbia	Stolz, Überheblichkeit	
aliter *Adv.*	anders, sonst	
ut *Adv.*	wie	
cōnfirmāre, cōnfirmō	bekräftigen, ermutigen, stärken	Konfirmation, e. to confirm
ōrāculum	Orakel, Götterspruch, Orakelstätte	e./f. oracle
exīre, exeō, exiī	herausgehen	
nōmināre, nōminō	nennen	Nominativ
anteā *Adv.*	vorher, früher	
statuere, statuō, statuī	aufstellen, beschließen, festsetzen	statuieren, Statut
cūra	Sorge, Pflege	Kur
dēficere ā *m. Abl.*	abfallen von	
cōnsistere, cōnsistō, cōnstitī	Halt machen, sich aufstellen	
dēpōnere, dēpōnō, dēposuī	ablegen, niederlegen, aufgeben	

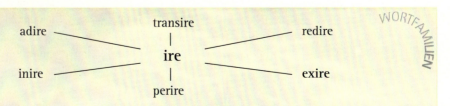

WORTFAMILIEN

Verben: Futur

	Sg.	Pl.	
1. Pers.	vocā-b-ō	vocā-bi-mus	ā-Konjugation
2. Pers.	vocā-bi-s	vocā-bi-tis	
3. Pers.	vocā-bi-t	vocā-bu-nt	
1. Pers.	monē-b-ō	usw.	ē-Konjugation

Das Tempuszeichen für das Futur der ā- und ē-Konjugation ist **-b-** bzw. **-bi-** oder **-bu-**.
Die Formen von **ire** lauten: ibo, ibis usw.

	Sg.	Pl.	
1. Pers.	audi-a-m	audi-ē-mus	ī-Konjugation
2. Pers.	audi-ē-s	audi-ē-tis	
3. Pers.	audi-e-t	audi-e-nt	
1. Pers.	ag-a-m		kons. Konjugation
2. Pers.	ag-ē-s	usw.	
1. Pers.	capi-a-m		
2. Pers.	capi-ē-s	usw.	

Das Tempuszeichen für das Futur der ī- und der konsonantischen Konjugation ist **-e-**.
Eine Ausnahme bildet die 1. Pers. Sg., die auf -a-m endet.

	Sg.	Pl.	
1. Pers.	er-ō	er-i-mus	Hilfsverb
2. Pers.	er-i-s	er-i-tis	
3. Pers.	er-i-t	er-u-nt	

Vollständige Tabellen befinden sich im Tabellarium, S. 128 ff., und S. 66 f.

Verwendung des Futurs

Das Futur hat im Lateinischen die gleiche Funktion wie im Deutschen oder Englischen. Es bezeichnet ein Geschehen, das aus der Sicht des Sprechers in der Zukunft eintreten oder fortdauern wird.

Postea patrem videbo.
Nachher werde ich meinen Vater sehen. (Nachher sehe ich meinen Vater.)
Afterwards I will see my father.

Während das Futur im Lateinischen und im Englischen zur Bezeichnung künftiger Handlungen (oder Zustände) immer verwendet wird, kann im Deutschen im Zusammenhang mit entsprechenden Zeitangaben (z. B. nachher, morgen) auch das Präsens auftreten.

Übersicht: Verben (Tempora im Aktiv)

Verben nach Konjugationen

Präsensstamm

	ā-Konjugation		ē-Konjugation		ī-Konjugation	
Infinitiv						
	vocā-re		monē-re		audī-re	

Präsens	Sg.	Pl.	Sg.	Pl.	Sg.	Pl.
1. Pers.	vocō	vocā-mus	mone-ō	monē-mus	audī-ō	audī-mus
2. Pers.	vocā-s	vocā-tis	monē-s	monē-tis	audī-s	audī-tis
3. Pers.	voca-t	voca-nt	mone-t	mone-nt	audi-t	audi-u-nt

Imperfekt						
1. Pers.	vocā-ba-m	vocā-bā-mus	monē-ba-m	monē-bā-mus	audi-ēba-m	audi-ēbā-mus
2. Pers.	vocā-bā-s	vocā-bā-tis	monē-bā-s	monē-bā-tis	audi-ēbā-s	audi-ēbā-tis
3. Pers.	vocā-ba-t	vocā-ba-nt	monē-ba-t	monē-ba-nt	audi-ēba-t	audi-ēba-nt

Futur						
1. Pers.	vocā-b-ō	vocā-bi-mus	monē-b-ō	monē-bi-mus	audi-a-m	audi-ē-mus
2. Pers.	vocā-bi-s	vocā-bi-tis	monē-bi-s	monē-bi-tis	audi-ē-s	audi-ē-tis
3. Pers.	vocā-bi-t	vocā-bu-nt	monē-bi-t	monē-bu-nt	audi-e-t	audi-e-nt

Imperativ						
	vocā	vocā-te	monē	monē-te	audī	audī-te

Perfekstamm

Infinitiv		
	vocāv-isse	

Perfekt	Sg.	Pl.
1. Pers.	vocāv-ī	vocāv-imus
2. Pers.	vocāv-istī	vocāv-istis
3. Pers.	vocāv-it	vocāv-ērunt

Plusquamperfekt		
1. Pers.	vocāv-eram	vocāv-erāmus
2. Pers.	vocāv-erās	vocāv-erātis
3. Pers.	vocāv-erat	vocāv-erant

Arten der Perfektbildung:

-v-	vocāre
-u-	tacēre
-s-	manēre
	dūcere
Reduplikation	currere
Dehnung	vidēre
ohne Stammveränderung	dēfendere

Übersicht: Verben (Tempora im Aktiv)

konsonantische Konjugation				Hilfsverb	
ag-ĕ-re		**capĕ-re**		**esse**	
Sg.	Pl.	Sg.	Pl.	Sg.	Pl.
ag-ō	ag-i-mus	capi-ō	capi-mus	s-u-m	s-u-mus
ag-i-s	ag-i-tis	capi-s	capi-tis	es	es-tis
ag-i-t	ag-u-nt	capi-t	capi-u-nt	es-t	s-u-nt
ag-ēba-m	ag-ēbā-mus	capi-ēba-m	capi-ēbā-mus	er-a-m	er-ā-mus
ag-ēbā-s	ag-ēbā-tis	capi-ēbā-s	capi-ēbā-tis	er-ā-s	er-ā-tis
ag-ēba-t	ag-ēba-nt	capi-ēba-t	capi-ēba-nt	er-a-t	er-a-nt
ag-a-m	ag-ē-mus	capi-a-m	capi-ē-mus	er-ō	er-i-mus
ag-ē-s	ag-ē-tis	capi-ē-s	capi-ē-tis	er-i-s	er-i-tis
ag-e-t	ag-e-nt	capi-e-t	capi-e-nt	er-i-t	er-u-nt
ag-e	ag-i-te	cape	capi-te	es	es-te

vocō	vocāvī
taceō	tacuī
maneō	mānsī
dūcō	dūxī
currō	cucurrī
videō	vīdī
dēfendō	dēfendī

fu-isse	
Sg.	Pl.
fu-ī	fu-imus
fu-istī	fu-istis
fu-it	fu-ērunt
fu-eram	fu-erāmus
fu-erās	fu-erātis
fu-erat	fu-erant

interrogāre	fragen	senex	Greis, alter Mann
etiam	auch, sogar	tenēre	besitzen, festhalten, halten
aedēs	Haus, Gebäude	somnus	Schlaf
ibī	dort	sōlus	allein, einzig

mōnstrum	Wunderzeichen; Ungeheuer, Gespenst	monströs, e. monster
iterum iterumque	immer wieder	
fābula	Geschichte, Erzählung, Theaterstück	Fabel, fabelhaft
mīrus, a, um	wunderbar, erstaunlich	Mirakel, „Mirácoli"
commovēre, commoveō, commōvī	bewegen, veranlassen	
afficere, afficiō, affēcī *m. Abl.*	versehen mit	Affekt
tālis, e	derartig, ein solcher, so (beschaffen)	
permovēre, permoveō, permōvī	beunruhigen, veranlassen	
timor, timōris *m*	Angst, Furcht	
incrēdibilis, e	unglaublich	e. incredible, f. incroyable
antīquus, a, um	alt, altertümlich	antik, Antiquität, e. antique
tempus, temporis *n*	(günstige) Zeit; *Pl.* Umstände	Tempo, Extemporale, e. tense
amplus, a, um	weit, groß, bedeutend	Amplitude, e. ample
nocturnus, a, um	nächtlich	Nokturne, f. nocturne
ferrum	Eisen, Waffe	f. fer
vinculum	Band, Fessel; *Pl.* Gefängnis	
mox *Adv.*	bald, dann	
īgnōtus, a, um	unbekannt	e. unknown
terribilis, e	schrecklich	
aedificium	Gebäude	f. édifice
quondam *Adv.*	einst, einmal; manchmal	
philosophus	Philosoph	
perturbāre, perturbō	in Verwirrung bringen	e. to trouble
perterrēre, perterreō	sehr erschrecken, einschüchtern	
condūcere, condūcō, condūxī	zusammenführen; anwerben, mieten	e. to conduct
silentium	Schweigen, Stille	e./f. silence
movēre, moveō, mōvī	bewegen	Motiv, Motor, e. to move
tenebrae, tenebrārum *Pl.*	Dunkelheit, Finsternis	f. ténèbres
prōcēdere, prōcēdō, prōcessī	(vorwärts)gehen, vorrücken	Prozession, e. to proceed
abesse, absum, āfuī	abwesend sein, fehlen	absent, Absentenheft
effodere, effodiō, effodī	ausgraben, umgraben, durchwühlen	
abīre, abeō, abiī	weggehen	Abitur, Abiturient
invenīre, inveniō, invēnī	finden, erfinden	
līber, lībera, līberum	frei	Liberalismus, liberal, f. libre
valē	Leb' wohl!	
Athēnīs	in Athen	
Athēnās	nach Athen	

F Verben: Passiv (Präsens, Imperfekt, Futur)

Die Passivformen von **Präsens**, **Imperfekt** und **Futur** werden aus den gleichen Bauelementen wie die Aktivformen gebildet, nämlich aus
- dem Präsensstamm,
- dem Tempuszeichen (im Imperfekt und Futur) und
- der Personalendung.

Die Aktiv- und Passivformen unterscheiden sich nur durch die Personalendung.

a) Infinitiv Präsens

vocā-rī	gerufen (zu) werden	Die Endungen der Infinitive lauten
ag-ī	getrieben (zu) werden	in der ā-, ē- und ī-Konjugation -rī,
		in der kons. Konjugation -ī.

b) Präsens

	Sg.		Pl.		
1. Pers.	voc-or	ich werde gerufen	vocā-mur	wir werden gerufen	ā-Konjugation
2. Pers.	vocā-ris		vocā-minī		
3. Pers.	vocā-tur		voca-ntur		
1. Pers.	mone-or	ich werde gemahnt	usw.		ē-Konjugation
1. Pers.	audi-or	ich werde gehört	audī-mur	wir werden gehört	ī-Konjugation
2. Pers.	audī-ris		audī-minī		
3. Pers.	audī-tur		audi-u-ntur		
1. Pers.	ag-or	ich werde getrieben	ág-i-mur	wir werden getrieben	kons. Konjugation
2. Pers.	ág-e-ris		ag-i-minī		
3. Pers.	ág-i-tur		ag-u-ntur		
1. Pers.	capi-or	ich werde ergriffen	cápi-mur	wir werden ergriffen	
2. Pers.	cápe-ris		capi-minī		
3. Pers.	cápi-tur		capi-u-ntur		

c) Imperfekt

1. Pers.	vocā-ba-r	ich wurde gerufen	usw.	ā-Konjugation
1. Pers.	monē-ba-r	ich wurde gemahnt	usw.	ē-Konjugation
1. Pers.	audi-ēba-r	ich wurde gehört	usw.	ī-Konjugation
1. Pers.	ag-ēba-r	ich wurde getrieben	usw.	kons. Konjugation
1. Pers.	capi-ēba-r	ich wurde ergriffen	usw.	

d) Futur

	Sg.		Pl.		
1. Pers.	vocā-b-or	ich werde gerufen werden	vocā-bi-mur	wir werden gerufen werden	ā-Konjugation
2. Pers.	vocā-be-ris		vocā-bi-minī		
3. Pers.	vocā-bi-tur		vocā-bu-ntur		
1. Pers.	monē-b-or		usw.		ē-Konjugation
1. Pers.	audi-a-r	ich werde gehört werden	audi-ē-mur	wir werden gehört werden	ī-Konjugation
2. Pers.	audi-ē-ris		audi-ē-minī		
3. Pers.	audi-ē-tur		audi-e-ntur		
1. Pers.	ag-a-r		usw.		kons. Konjugation
2. Pers.	capi-a-r		usw.		

Vollständige Tabellen befinden sich im Tabellarium, S. 131.

S Verwendung des Passivs

Nuntius dominum terret.　　　　　　　Dominus nuntio terretur.
Die Nachricht erschreckt den Herrn.　　Der Herr wird durch die Nachricht erschreckt.

Neben den aktiven Verbformen, die angeben, was ein Subjekt tut, gibt es zu den transitiven Verben passive Formen, die angeben, dass jemand/etwas eine Handlung „erleidet" (Passiv – „Leideform").
Das Passiv wird dann verwendet, wenn nicht der Urheber einer Handlung, sondern ein Vorgang oder Geschehen betont werden soll.
Als Oberbegriff für Aktiv und Passiv verwendet man die Bezeichnung **Genus verbi** (oder: Diathese).

TIPP!

audi-e-t er *wird hören*　　　　　audi-tur er *wird gehört*

Bei der deutschen Wiedergabe des Futurs und des Passivs musst du gut aufpassen. Im Deutschen brauchst du in beiden Fällen das Hilfsverb 'werden'; im Passiv kommt immer ein deutsches Partizip Perfekt Passiv dazu, z. B. 'gehört'.

W

complēre	anfüllen, erfüllen	agere	handeln, treiben, verhandeln
convocāre	versammeln	adīre	herantreten (an), bitten
agmen	(Heeres-)Zug	tacēre	schweigen
propter	wegen	quia	weil

Latein	Deutsch	Fremdsprache
mittere, mittō, mīsī, missum	(los)lassen, schicken, werfen	
paulātim *Adv.*	allmählich	
cīvis, cīvis *m (Gen. Pl.* -ium*)*	Bürger	*zivil, e. citizen, f. citoyen*
campus	Feld, freier Platz, Ebene	*Camping, e./f. camp*
īnstruere, īnstruō, īnstrūxī, īnstrūctum	aufstellen, ausrüsten; unterrichten	*Instruktion, Instrument, e. to instruct, f. instruire*
cēnsēre, cēnseō, cēnsuī, cēnsum *m. Akk.*	meinen, einschätzen, seine Stimme abgeben (für)	
dūcere, dūcō, dūxī, ductum	führen, ziehen	
dīligēns, dīligentis	gewissenhaft, sorgfältig	*e. diligent, f. diligens*
fōrma	Form, Gestalt, Schönheit	
legere, legō, lēgī, lēctum	lesen, auswählen	
circum *m. Akk.*	um ... herum, rings um	
agere, agō, ēgī, āctum	handeln, treiben, verhandeln	
hinc *Adv.*	von hier, hierauf	
animal, animālis *n (Abl. Sg.* -ī; *Nom./Akk. Pl.* -ia; *Gen. Pl.* -ium*)*	Lebewesen, Tier	
salvus, a, um	gesund, unversehrt	
lavāre, lavō, lāvī, lautum	waschen, reinigen	
complūrēs, complūra *(Gen.* complūrium*)*	mehrere	
dēligere, dēligō, dēlēgī, dēlēctum	(aus)wählen	*Delegierter*
pōnere, pōnō, posuī, positum	(auf)stellen, (hin)legen, setzen	*Posten, Post, Position, Dis-position, op-ponieren*
sanguis, sanguinis *m*	Blut	*Sanguiniker, f. sang*
interficere, interficiō, interfēcī, interfectum	töten, vernichten	
excipere, excipiō, excēpī, exceptum	aufnehmen, eine Ausnahme machen	*exzeptionell, e. except*
spargere, spargō, sparsī, sparsum	ausstreuen, bespritzen, verbreiten	
supplex, supplicis	demütig bittend	
colere, colō, coluī, cultum	bewirtschaften, pflegen; verehren	
respicere, respiciō, respexī, respectum	zurückblicken; berücksichtigen	*Respekt, e. respect*
prex, precis *f*	Bitte; *Pl.* Gebet	*e. prayer, f. prière*
dare, dō, dedī, datum	geben	
nēmō nescit	jeder weiß	

Fortsetzung →

multum/omnia posse	(viel/alles können) große/unumschränkte Macht haben	
pūblicus, a, um	öffentlich, staatlich	*publik, Publikum, e. public*
mandāre, mandō	einen Auftrag geben, übergeben	*Mandant, Mandat, kommandieren*
commovēre, commoveō, commōvī, commōtum	bewegen, veranlassen	
augēre, augeō, auxī, auctum	vermehren, vergrößern	*Auktion*
glōria	Ehre, Ruhm	*glorifizieren, e. glory, f. gloire*
annus	Jahr	
officium	Dienst, Pflicht(gefühl)	*offiziell, Offizier, e. office*
religiō, religiōnis f	Glauben, (Gottes)Verehrung, Frömmigkeit, Gewissenhaftigkeit, Aberglaube	
facere, faciō, fēcī, factum	machen, tun, handeln	

Campus Mārtius	Marsfeld
(Mārcus Porcius) Cato, Catōnis	Marcus Porcius Cato (röm. Politiker und Schriftsteller)
Lūcius Valerius	Lucius Valerius (röm. Politiker, zus. mit Cato 184 v. Chr. Zensor)
Mārs, Mārtis	Mars (Gott des Krieges)
cēnsor, cēnsōris m	Zensor (röm. Beamter)
līctor, līctōris m	Liktor (Begleiter höherer Beamter und einiger Priester)

F 1 Partizip Perfekt Passiv (PPP)

a) laudā-tus   (gelobt)   ā-Konjugation
   audī-tus   (gehört)   ī-Konjugation

Bei einer Vielzahl von Verben (vor allem mit v-Perfekt) wird das PPP gebildet, indem **-tus, a, um** an den Präsensstamm angefügt wird.

b) Manchmal werden allerdings der Stamm oder die Fugenstelle lautlich verändert:

Infinitiv	Präsensstamm	Perfektstamm	PPP
monēre	monē-	monu-	monitus
colere	col-	colu-	cultus
mittere	mitt-	mīs-	missus

Bei solchen Verben muss man sich neben dem Infinitiv Präsens, der 1. Pers. Sg. Präs. Akt. und Perf. Akt. das PPP als vierte Form merken.
Diese vier Formen, die sogenannten **Stammformen**, sind die Grundlage für alle Formen, die von einem Verb gebildet werden können.

Beispiel: agere   agō   ēgī   āctum

2 Verben: Passiv (Perfekt, Plusquamperfekt)

a) Perfekt Passiv

vocātus sum　　　　　　ich bin gerufen worden

	Sg.		Pl.	
1. Pers.	vocātus, a, um	sum	vocātī, ae, a	sumus
2. Pers.	vocātus, a, um	es	vocātī, ae, a	estis
3. Pers.	vocātus, a, um	est	vocātī, ae, a	sunt

b) Plusquamperfekt Passiv

vocātus eram　　　　　　ich war gerufen worden

1. Pers.	vocātus, a, um	eram	usw.

Die Passivformen von Perfekt und Plusquamperfekt bestehen aus dem PPP und Formen des Hilfsverbs esse. Das Perfekt wird mit den Präsensformen von esse, das Plusquamperfekt mit den Imperfektformen von esse gebildet.

c) Infinitiv Perfekt Passiv

vocātum, am, um esse
vocātōs, ās, a esse　　　gerufen worden (zu) sein

1 Verwendung des Partizip Perfekt Passiv

a) Erscheinungsform

Nuntius Delphos missus templum intravit.
Der nach Delphi geschickte Bote betrat den Tempel.

Das PPP (hier: missus) steht in KNG-Kongruenz zu einem Nomen des Satzes (hier: nuntius); meistens bezieht es sich auf das Subjekt oder das Objekt. Wegen dieser „Einbettung" in das Satzganze wird es als **Participium coniunctum** (verbundenes Partizip) bezeichnet.

b) Das Participium coniunctum als satzwertige Konstruktion

Nuntius templum intravit:	Nuntius *Delphos missus*
Delphos missus erat.	templum intravit.
Der Bote betrat den Tempel:	Der *nach Delphi geschickte* Bote
Er war nach Delphi geschickt worden.	betrat den Tempel.

Wie den AcI (vgl. 14 S c) kann man auch das Participium coniunctum als einen eigenständigen Aussagesatz verstehen, der in einen anderen Satz „eingebettet" wurde. Deshalb bezeichnet man das Participium coniunctum als **satzwertige Konstruktion**.

Diese Partizipialkonstruktion ist im Lateinischen sehr beliebt, da sie mit wenigen Worten viele Informationen liefern kann. Da das PPP eine Verbform ist, wird es oft auch durch Adverbialien ergänzt.

c) Satzgliedfunktion

Die Partizipialkonstruktion Delphos missus kann als Attribut (zu nuntius) oder Adverbiale (zu intravit) aufgefasst werden.
Die Satzgliedfunktion und die Sinnrichtung der Partizipialkonstruktion sind also nicht festgelegt und müssen vom Leser aus dem Kontext erfasst werden.
Daher gibt es manchmal mehrere richtige Möglichkeiten der Wiedergabe.

d) Übersetzungsmöglichkeiten

Nuntius Delphos missus templum intravit.

Als Attribut	Der nach Delphi geschickte Bote betrat den Tempel.
➤ wörtlich:	(Der Bote, nach Delphi geschickt, betrat den Tempel.)
➤ mit Relativsatz:	Der Bote, der nach Delphi geschickt worden war, betrat den Tempel.
Als Adverbiale	Der Bote betrat den Tempel, nachdem (weil) er nach
➤ mit Adverbialsatz:	Delphi geschickt worden war.

Bei der Übersetzung ist immer zu prüfen, ob das Participium coniunctum als Adverbiale aufzufassen ist und wie ggf. die Sinnrichtung des Partizips durch eine treffende Subjunktion deutlich gemacht werden kann.

e) Zeitverhältnis

Die Formen des **PPP** zeigen an, dass das im Participium coniunctum ausgedrückte Geschehen vor dem des Prädikats stattgefunden hat; sie bezeichnen also die **Vorzeitigkeit (Partizip der Vorzeitigkeit)**.
Wenn das PPP als Adverbiale aufzufassen ist, ist daher häufig eine Übersetzung mit 'nachdem' möglich.

2 Verwendung des Passivs (Perfekt, Plusquamperfekt)

Im Passiv haben Perfekt und Plusqamperfekt als Tempora die gleiche Bedeutung wie im Aktiv (vgl. 9 S und 18 S **1**).

Homines convocati sunt.	Homines convocati erant.
Die Menschen wurden versammelt.	Die Menschen waren versammelt (worden).
Die Menschen sind versammelt (worden).	

Das Perfekt Passiv wird im Deutschen meistens mit dem Präteritum/Imperfekt wiedergegeben.
Gelegentlich können Perfekt und Plusquamperfekt Passiv auch einen Zustand oder ein Ergebnis bezeichnen.

W

convenīre	zusammenkommen, zusammenpassen	quīn	vielmehr; warum nicht
turba	Lärm, Menschenmenge, Verwirrung	causa	Ursache, Sache, Prozess
mox	bald, dann	ecce	schau/schaut!, sieh da/seht da!

hic, haec, hoc	dieser, diese, dieses (hier); folgender	
ille, illa, illud	jener, jene, jenes	
illūc *Adv.*	dahin, dorthin	
grandis, e	alt; bedeutend, groß	
praeclārus, a, um	großartig	
spectāculum	Schauspiel	*Spektakel*
victor, victōris *Adj.*	siegreich	
dux, ducis *m*	Anführer	*e. duke, f. duc*
iste, ista, istud *(Gen. istius, Dat. isti)*	dieser (da)	
vincere, vincō, vīcī, victum	(be)siegen, übertreffen	
nimius, a, um	übermäßig, zu groß	
permovēre, permoveō, permōvī, permōtum	beunruhigen, veranlassen	
mortālis, e	sterblich, *Subst.* Mensch	*Salto mortale, e. mortal*
subicere, subiciō, subiēcī, subiectum	darunterlegen, unterwerfen	*Subjekt, e. subject, f. sujet*
cōnficere, cōnficiō, cōnfēcī, cōnfectum	beenden, fertigmachen	*Konfektion, Konfitüre, Konfetti*
incēdere, incēdō, incessī, incessum *(m. Akk.)*	heranrücken, eintreten; (jmd.) befallen	
imāgō, imāginis, *f*	Abbild, Bild	*Image, imaginär, e./f. image*
capere, capiō, cēpī, captum	fassen, nehmen; erobern	
aes, aeris *n*	Erz, Geld	
tabula	Tafel, Gemälde; Aufzeichnung	*Tabelle, Tablette, e./f. table*
rēgius, a, um	königlich	*e./f. royal*
tantus, a, um	so groß, so viel	
argentum	Silber	*Argentinien, f. argent*
aurum	Gold	*Eldorado*
dīgnitās, dīgnitātis *f*	Würde, Ansehen; Stellung	*e. dignity, f. dignité*
miseria	Not, Elend, Unglück	*Misere, e. misery*
simul *Adv.*	zugleich, gleichzeitig	*simultan*
suprā *Adv.*	darüber hinaus, oben	*Sopran*
recitāre, recitō	vorlesen, vortragen	*rezitieren, Zitat*
paulum *Adv.*	ein wenig	
eques, equitis *m*	Reiter, Ritter	
praeterīre, praetereō, praeteriī, praeteritum	übergehen, vorbeigehen	*Präteritum*

F Demonstrativpronomina: hic, ille, iste

a) hic dieser (hier)

	Sg. m	f	n	Pl. m	f	n
Nom.	hic	haec	hoc	hī	hae	haec
Gen.		huius			hōrum	hārum	hōrum
Dat.		huic			hīs	
Akk.	hunc	hanc	hoc	hōs	hās	haec
Abl.	hōc	hāc	hōc		hīs	

b) ille jener (dort)

	Sg. m	f	n	Pl. m	f	n
Nom.	ille	illa	illud	illī	illae	illa
Gen.		illīus			illōrum	illārum	illōrum
Dat.		illī			illīs	
Akk.	illum	illam	illud	illōs	illās	illa
Abl.	illō	illā	illō		illīs	

c) iste dieser, der da

Das Demonstrativpronomen iste, ista, istud (*Gen.* istīus, *Dat.* istī usw.) wird dekliniert wie ille, illa, illud.

S Demonstrativpronomina hic, ille, iste: Verwendung

Das Demonstrativpronomen hic bezeichnet etwas, das sich in unmittelbarer Nähe des Sprechers befindet. Das Demonstrativpronomen ille dagegen bezeichnet etwas, das sich in größerer Entfernung vom Sprecher befindet.

a) Caesar et Maiestix potentes erant; hic Gallis imperabat,
ille imperium Romanum regebat.
Cäsar und Majestix waren mächtig; dieser herrschte über die Gallier,
jener regierte das Römische Reich.

Beziehen sich hic und ille auf einen vorhergehenden Satz, so bezieht sich hic auf das näherstehende, ille auf das weiter entfernte Wort.

b) Caesar *haec* dixit: „...".
Cäsar sagte Folgendes: „...".

Mit Formen von hic, haec, hoc wird häufig auf einen unmittelbar folgenden Text verwiesen.

c) Istud donum me delectavit.   Iste fur in templum effugit.
Dieses (dein/euer) Geschenk hat mich gefreut.   Dieser Dieb (da) ist in den Tempel entkommen.

Iste bezeichnet eine Person oder Sache, die einem Angeredeten nahe ist (hier: **donum**); manchmal hat es einen negativen oder verächtlichen Unterton (hier: iste fur).

Übersicht: Verben (Tempora im Passiv)

ā-Konjugation ē-Konjugation

Infinitiv

vocā-rī   monē-rī

Präsens

Sg.	Pl.	Sg.	Pl.
voc-or	vocā-mur	mone-or	monē-mur
vocā-ris	vocā-minī	monē-ris	monē-minī
vocā-tur	vocā-ntur	monē-tur	mone-ntur

Imperfekt

Sg.	Pl.	Sg.	Pl.
vocā-ba-r	vocā-bā-mur	monē-ba-r	monē-bā-mur
vocā-bā-ris	vocā-bā-minī	monē-ba-ris	monē-bā-minī
vocā-bā-tur	vocā-ba-ntur	monē-bā-tur	monē-ba-ntur

Futur I

Sg.	Pl.	Sg.	Pl.
vocā-b-or	vocā-bi-mur	monē-b-or	monē-bi-mur
vocā-be-ris	vocā-bi-minī	monē-be-ris	monē-bi-minī
vocā-bi-tur	vocā-bu-ntur	monē-bi-tur	monē-bu-ntur

Partizip Perfekt Passiv (PPP)

vocā-tus, a, um   moni-tus, a, um

ī-Konjugation Konsonantische Konjugation

Infinitiv

audī-rī   ag-ī   cap-ī

Präsens

Sg.	Pl.	Sg.	Pl.	Sg.	Pl.
audi-or	audī-mur	ag-or	ág-i-mur	capi-or	cápi-mur
audī-ris	audī-minī	ág-e-ris	ag-i-minī	cápe-ris	capi-minī
audī-tur	audi-u-ntur	ág-i-tur	ag-u-ntur	cápi-tur	capi-u-ntur

Imperfekt

Sg.	Pl.	Sg.	Pl.	Sg.	Pl.
audi-ēba-r	audi-ēbā-mur	ag-ēba-r	ag-ēbā-mur	capi-ēba-r	capi-ēbā-mur
audi-ēbā-ris	audi-ēbā-minī	ag-ēbā-ris	ag-ēbā-minī	capi-ēbā-ris	capi-ēbā-minī
audi-ēbā-tur	audi-ēba-ntur	ag-ēbā-tur	ag-ēba-ntur	capi-ēbā-tur	capi-ēba-ntur

Futur

Sg.	Pl.	Sg.	Pl.	Sg.	Pl.
audi-a-r	audi-ē-mur	ag-a-r	ag-ē-mur	capi-a-r	capi-ē-mur
audi-ē-ris	audi-ē-minī	ag-ē-ris	ag-ē-minī	capi-ē-ris	capi-ē-minī
audi-ē-tur	audi-e-ntur	ag-ē-tur	ag-e-ntur	capi-ē-tur	capi-e-ntur

Partizip Perfekt Passiv (PPP)

audī-tus, a, um   āc-tus, a, um   cap-tus, a, um

W

quondam	einst, einmal; manchmal	auris	Ohr
aspicere	erblicken	quaerere	erwerben wollen, suchen
petere	(auf)suchen, (er)streben, bitten, verlangen	superbus	stolz, überheblich
		tamen	dennoch, jedoch
nēmo	niemand		

silva	Wald	Silvester
habitāre, habitō	bewohnen, wohnen	e. to inhabit
inter *m. Akk.*	unter, während, zwischen	inter-kontinental, intern
arbor, arboris *f*	Baum	f. arbre
iuvenis, iuvenis *m*	junger Mann; *Adj.* jung	e. young
accendere, accendō, accendī, accēnsum	anfeuern, anzünden	
amōre accēnsus	in Liebe entflammt, verliebt	
vestīgium	Fußsohle, Spur, Stelle	e. to investige, FBI (Federal Bureau of Investigation)
ager, agrī *m*	Acker, Feld, Gebiet	Agrar
magis *Adv.*	mehr, eher	
nātūra	Beschaffenheit, Natur, Wesen	Naturell, Naturalien, e./f. nature
vetāre, vetō, vetuī	verhindern, verbieten	Veto
dēmum *Adv.*	endlich	
accipere, accipiō, accēpi, acceptum	aufnehmen, erhalten, erfahren	akzeptieren, e. to accept
repetere, repetō, repetīvī, repetītum	(zurück)verlangen, wiederholen	Repetent, repetieren, e. to repeat
nihil/nīl	nichts	Nihilismus, Nihilist
hūc *Adv.*	hierher	
ārdēre, ārdeō, ārsī	brennen	e. ardent
rūrsus *Adv.*	wieder	
occurrere, occurrō, occurrī	begegnen, entgegentreten	e. to occur
repellere, repellō, reppulī, repulsum	zurückstoßen, abweisen, vertreiben	e. to repel
āvertere, āvertō, āvertī, āversum	abwenden, vertreiben	Aversion, e. to avert
tangere, tangō, tetigī, tāctum	berühren	Tango, Takt, Tangente
recipere, recipiō, recēpī, receptum	aufnehmen, wiederbekommen, zurücknehmen	Rezept, Rezeption, e. to receive
sē recipere	sich zurückziehen	
ex illō tempore	seit jener Zeit	
temperāre, temperō *(ā m. Abl.)* *m. Dat.*	sich fernhalten (von); maßvoll gebrauchen, zurückhalten	
īnfēlīx, īnfēlīcis	unglücklich	
dolor, dolōris *m*	Schmerz	f. douleur

membrum	Glied, Körperteil	e. member
solvere, solvō, solvī, solūtum	auflösen, bezahlen, lösen	solvent, in-solvent, ab-solvieren, ab-solut, e. to solve
dīcere, dīcō, dīxī, dictum	sagen, sprechen	
Ēchō	Echo (eine Waldnymphe)	
Narcissus	Narzissus (ein sehr schöner junger Mann)	

F Partizip Präsens Aktiv (PPA)

Beispiel:
vocāns rufend

	Sg. m/f	n	Pl. m/f	n
Nom.	vocā-ns		voca-nt-ēs	voca-nt-ia
Gen.	voca-nt-is		voca-nt-ium	
Dat.	voca-nt-ī		voca-nt-ibus	
Akk.	voca-nt-em	vocā-ns	voca-nt-ēs	voca-nt-ia
Abl.	voca-nt-e		voca-nt-ibus	

(voca-ns aus voca-nt-s)

Das Partizip Präsens Aktiv zu Verben der ā- und ē-Konjugation wird gebildet, indem zwischen den Präsensstamm und die Endung der 3. Deklination **-nt-** eingefügt wird:
vocāns, -ntis; monēns, -ntis

Bei der ī- und der konsonantischen Konjugation wird der Stamm durch ein **-e-** erweitert:
audi-ē-ns, -ntis; ag-ē-ns, -ntis; capi-ē-ns, -ntis

Partizip Präsens Aktiv zu ire: iēns, euntis
Partizip Präsens Aktiv zu velle: volēns, volentis

S ① Verwendung des Partizip Präsens Aktiv

a) Das Partizip Präsens Aktiv als Participium coniunctum

Homines triumphum spectantes clamabant.
(Die Menschen – den Triumphzug ansehend – riefen laut.)

Das Partizip Präsens Aktiv (hier: **spectantes**) steht – wie das PPP – als Participium coniunctum in Kongruenz zu einem Nomen (hier: **homines**).
Auch die Partizipialkonstruktion mit einem Partizip Präsens Aktiv ist eine satzwertige Konstruktion.

Da das Partizip Präsens eine aktive Verbform ist, können nicht nur Adverbialien, sondern auch Objekte (hier: **triumphum**) von ihm abhängen.

b) Satzgliedfunktion

Die Partizipialkonstruktion mit einem Partizip Präsens (hier: **spectantes**) kann als Attribut (hier: zu **homines**) oder als Adverbiale (hier: zu **clamabant**) aufgefasst werden (vgl. 21 S ❶ c). Daher sind mehrere Möglichkeiten der Wiedergabe im Deutschen zu bedenken:

c) Übersetzungsmöglichkeiten

Homines triumphum spectantes clamabant.

Als Attribut
- wörtlich (selten): (Den Triumphzug ansehend, riefen die Menschen laut.)
- mit Relativsatz: Die Menschen, die den Triumphzug ansahen, riefen laut.

Als Adverbiale
- mit Adverbialsatz: Die Menschen riefen laut, als (während/weil) sie den Triumphzug ansahen.

Bisweilen kann das Partizip Präsens – wie auch das Adjektiv – **substantiviert** werden;
z. B. **amans** der/die Liebende, **amantes** die Liebenden.

TIPP! Achte beim Übersetzen zunächst immer darauf, welche Wörter zu der Partizipialkonstruktion gehören und den Partizipialblock bilden. Ähnlich wie beim AcI werden auch beim Participium coniunctum Adverbialien und Objekte vom Bezugswort und vom Partizip „eingerahmt",
z. B. *Homines* triumphum *spectantes* clamabant.
Man nennt dies auch „geschlossene Wortstellung".

d) Zeitverhältnis

Die Formen des **Partizip Präsens Aktiv** zeigen an, dass das im Participium coniunctum ausgedrückte Geschehen gleichzeitig mit dem des Prädikats abläuft; sie bezeichnen also die **Gleichzeitigkeit (Partizip der Gleichzeitigkeit)**.
Wenn das PPA als Adverbiale aufzufassen ist, ist daher eine Übersetzung mit 'während' möglich.

❷ Partizip als Adverbiale (Überblick)

a) Übersetzungsmöglichkeiten

Homines triumphum spectantes clamabant.

Das Participium coniunctum (PPA oder PPP) tritt häufig als Adverbiale auf. Dann stehen die folgenden drei Möglichkeiten der Wiedergabe zur Verfügung:

1. *Adverbialsatz:*
   Als (während, weil) sie den Triumphzug ansahen, riefen die Menschen laut.
2. *Präpositionalausdruck:*
   Beim Betrachten des Triumphzuges riefen die Menschen laut.
3. *Beiordnung (mit einem Adverb, das die Sinnrichtung angibt):*
   Die Menschen sahen (sich) den Triumphzug an und riefen dabei laut.

b) Sinnrichtungen

Die Sinnrichtung wird bei einem adverbial gebrauchten Partizip im Lateinischen meist sprachlich nicht ausgedrückt. Daher ist für eine treffende deutsche Wiedergabe der logische Zusammenhang das Satzes bzw. Textes zu beachten.

Die folgende Tabelle bietet eine **Übersicht** über die verschiedenen **Sinnrichtungen** und gibt an, mit welchen Subjunktionen (im Adverbialsatz), Präpositionen (im Präpositionalausdruck) oder Adverbien (in der Beiordnung) sie ausgedrückt werden können:

Sinnrichtung		Adverbialsatz	Präpositionalausdruck	Beiordnung
temporal	vorz.	nachdem, als	nach	(und) dann
	gleichz.	während, als	während, bei	(und) dabei
kausal		weil, da	wegen	(und) deshalb
konditional		wenn, falls	im Falle	———
konzessiv		obwohl, wenn auch	trotz	(aber) trotzdem (aber) dennoch
modal		indem	bei, durch	(und) so

Die kausale und temporale Sinnrichtung sind bereits bekannt (vgl. 21 **S 1** d und 23 **S 1** c).
Beispiele für die anderen Sinnrichtungen:

a) *konzessiv:* Ulixes a nympha pulchra amatus (tamen) Penelopam uxorem desiderabat.
Obwohl Odysseus von einer schönen Nymphe geliebt wurde, sehnte er sich (dennoch) nach seiner Frau Penelope.

b) *konditional:* Penelopa: Ulixi redeunti semper amorem ostendam.
Penelope: Ich werde Odysseus, wenn (falls) er zurückkehrt, immer meine Liebe zeigen.

c) *modal:* Ulixes: Domum rediens uxorem a curis liberare cupio.
Odysseus: Indem ich nach Hause zurückkehre (durch meine Rückkehr ...), will ich meine Frau von ihren Sorgen befreien.

Einige **Komposita** zu wichtigen lateinischen Verben – die Listen lassen sich durch die folgenden Wortschätze erweitern: WORTFAMILIEN

mittere	pellere	facere	petere
ad-mittere	ex-pellere	con-ficere	re-petere
a-mittere	re-pellere	de-ficere	
com-mittere		inter-ficere	scire
di-mittere	capere		ne-scire
pro-mittere	ac-cipere	tangere	
	re-cipere	at-tingere	tenere
			con-tinere

W

restāre	übrig bleiben; Widerstand leisten	an	oder
valēre	Einfluss haben, gesund sein, stark sein	vehemēns	heftig, energisch, kritisch
		quotiēns	wie oft, so oft
quiēscere	(aus)ruhen; schlafen	expellere	vertreiben, verbannen

tuērī, tueor *m. Akk.*	betrachten, schützen, (milit.) sichern, sorgen für	*Tutor*
sequī, sequor, secūtus sum *m. Akk.*	folgen	*Sequenz, Suite*
loquī, loquor, locūtus sum	reden, sprechen	*Kolloquium, Eloquenz*
ipse, ipsa, ipsum *(Gen.* ipsīus, *Dat.* ipsī*)*	(er, sie, es) selbst	
verērī, vereor, veritus sum	fürchten, sich scheuen; verehren	*Re-verenz, e. to revere*
morī, morior, mortuus sum	sterben	*f. mourir*
ferē	beinahe, fast; ungefähr	
nūllus a, um *(Gen.* nūllīus; *Dat.* nūllī*)*	kein	*Null, annullieren*
sōlācium	Trost(mittel)	*e. solace*
epistula	Brief	*Epistel*
opus est *m. Abl.*	es ist nötig, man braucht	
contingere, contingō, contigī, contāctum	berühren, gelingen	*Kontingent, Kontakt, e./f. contact*
lectus	Bett, Liegesofa	
iacēre, iaceō	liegen	
dēserere, dēserō, dēseruī, dēsertum	im Stich lassen, verlassen	
perpetuus, a, um	dauerhaft, ewig	*Perpetuum mobile*
vigilia	Nachtwache, (Wach-)Posten	
patī, patior, passus sum	(er)leiden, ertragen, zulassen	*Patient, Passiv, Passion*
agitāre, agitō	betreiben, überlegen	*Agitation, e. to agitate*
timōre agitārī	von Furcht gequält werden	
coniūnx, coniugis *m/f*	Gatte, Gattin	
perdere, perdō, perdidī, perditum	verlieren, verschwenden, zugrunde richten	*f. perdre*
tot	so viele	
opīnārī, opīnor	glauben, meinen	
suscipere, suscipiō, suscēpī, susceptum *m. Akk.*	auf sich nehmen, sich (einer Sache) annehmen, unternehmen	
premere, premō, pressi, pressum	(unter)drücken, bedrängen	*Presse, Pression, Expressionismus, Depression, e. to press*
prīnceps, prīncipis *m*	der Erste, der führende Mann	*Prinz, e./f. prince*
ops, opis *f*	Hilfe, Kraft; *Pl.* Macht, Mittel, Reichtum	
cōnsulere in *m. Akk.*	Maßnahmen ergreifen gegen	

ūtī, ūtor, ūsus sum *m. Abl.*	benutzen, gebrauchen	*e. to use, f. user*
audācia	Frechheit, Kühnheit	*e. audacity*
bonum	das Gut(e)	*f. bon*
cōnsūmere, cōnsūmō, cōnsūmpsī, cōnsūmptum	verbrauchen, verwenden	*konsumieren, Konsum, e. to consume, f. consumer*
vindicāre, vindicō	beanspruchen, bestrafen	
nūbere, nūbō, nūpsī, nuptum *m. Dat.*	heiraten	
scrībere, scrībō, scrīpsī, scrīptum	beschreiben, schreiben	*Schrift, Skript, f. écrire*
Pēnelopa	Penelope (Frau des Odysseus)	
Ulixēs, Ulixis	Odysseus (König von Ithaka)	

F ① Verben: Deponentien

opinor	ich glaube, meine
(passive Form)	(aktive Bedeutung)

In allen Konjugationsklassen gibt es einige Verben, die nur passive Formen bilden, jedoch aktive Bedeutung haben (Deponentien); sie haben also gleichsam ihre aktiven Formen „abgelegt" (**deponere!**).

a) Präsensstamm

Infinitiv Präsens	opinā-rī	glauben, meinen		

		Präsens Sg.	Pl.	Imperfekt Sg.	Futur Sg.
Indikativ	1. Pers.	opin-or	opinā-mur	opinā-ba-r usw.	opinā-b-or
	2. Pers.	opinā-ris	opinā-minī		opinā-be-ris
	3. Pers.	opinā-tur	opinā-ntur		opinā-bi-tur usw.
Imperativ		opinā-re!	opinā-minī!		

b) Perfektstamm

Infinitiv Perfekt	opinātum esse	geglaubt (zu) haben

		Perfekt Sg.	Plusquamperfekt Sg.
Indikativ	1. Pers.	opinātus, a, um sum usw.	opinātus, a, um eram usw.

c) Stammformen

Beispiele:

opinārī	opinor	opinātus sum	ā-Konjugation
vērērī	vereor	veritus sum	ē-Konjugation
loquī	loquor	locūtus sum	kons.
morī	morior	mortuus sum	Konjugation

d) Partizipien

| Partizip Präsens | opinā-ns | glaubend |
| Partizip Perfekt | opinā-tus | einer, der geglaubt hat |

2 Pronomen ipse

ipse, ipsa, ipsum selbst

	Sg.			Pl.		
	m	f	n	m	f	n
Nom.	ipse	ipsa	ipsum	ipsī	ipsae	ipsa
Gen.		ipsīus		ipsōrum	ipsārum	ipsōrum
Dat.		ipsī			ipsīs	
Akk.	ipsum	ipsam	ipsum	ipsōs	ipsās	ipsa
Abl.	ipsō	ipsā	ipsō		ipsīs	

Außer im Neutrum Sg. wird **ipse** wie **ille** dekliniert (vgl. 22 **F** b).

S extra
1 Partizip Perfekt der Deponentien: Verwendung

a) **Pauca apud legatos locutus Caesar abiit.**
   Nachdem Cäsar weniges bei den Gesandten gesagt hatte, ging er weg.
   Cäsar sagte weniges bei den Soldaten und ging dann weg.

Das Partizip Perfekt bezeichnet in der Regel die Vorzeitigkeit; zur Wiedergabe im Deutschen kann man einen Gliedsatz oder die Beiordnung wählen.

b) **Caesar hostes veritus statim rediit.**
   (Die Feinde fürchtend, kehrte Cäsar sofort zurück.)
   Cäsar kehrte aus Furcht vor den Feinden sofort zurück.
   Cäsar fürchtete die Feinde und kehrte daher sofort zurück.

Das Partizip Perfekt der Deponentien kann auch die Gleichzeitigkeit ausdrücken.

2 Pronomen ipse: Verwendung

Cicero ipse — Cicero persönlich   hāc ipsā nocte — gerade in dieser Nacht

Das Pronomen **ipse** dient zur nachdrücklichen Hervorhebung oder Abgrenzung einer Person oder Sache. Deshalb kann es auch die Bedeutungen 'gerade, genau, persönlich, unmittelbar' u. Ä. haben.

Mengenangaben

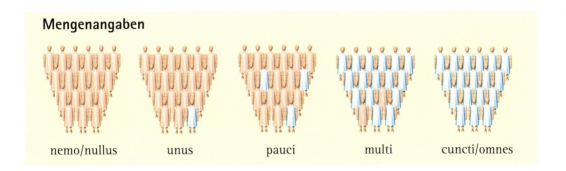

nemo/nullus   unus   pauci   multi   cuncti/omnes

Liebe – Zuneigung

desiderare sich sehnen nach, vermissen

amor Liebe

pudor Schamgefühl, Anstand

placere gefallen

flamma Feuer, Flamme

sentire fühlen, meinen, wahrnehmen

ardere brennen

cupere verlangen, wünschen

diligere hochachten, lieben

nubere heiraten

amare lieben

W

colere	bewirtschaften, pflegen; verehren	vertere	drehen, wenden
prīmō	zuerst	ruere	eilen, stürmen, stürzen
animadvertere	bemerken, wahrnehmen	undique	von allen Seiten
scelus	Verbrechen; Schurke	tantum	nur

rēs, reī *f*	Angelegenheit, Ding, Sache	*Realismus, Realien, reell, real*
rēs pūblica	Staat	*Republik, e. republic, f. république*
magistrātus, magistrātūs *m*	Amt; Beamter	*Magistrat, f. magistrat*
senātus, senātūs *m*	Senat, Senatsversammlung, Rat	*e. senate, f. sénat*
sacer, sacra, sacrum *(m. Gen.)*	geweiht, heilig	*sakral, e. sacred*
metuere, metuō, metuī	(sich) fürchten	
proficīscī, proficīscor, profectus sum	(ab)reisen, aufbrechen	
diēs, diēī *m*	Tag	*„diary", s. día*
morārī, moror	(sich) aufhalten	*Moratorium*
terra	Erde, Land	*Terrarium, Terrasse, Territorium, f. terre*
quārē	*rel. Satzanschluss:* deshalb	
memor, memoris *m. Gen.*	in Erinnerung an	
metus, metūs *m*	Angst	
ēgredī, ēgredior, ēgressus sum	herausgehen, verlassen	
neglegere, neglegō, neglēxī, neglēctum	nicht (be)achten, vernachlässigen	*Negligé, e. to neglect*
intrā *m. Akk.*	innerhalb (von)	*intra-venös*
domus, domūs *f*	Haus	*Dom, Domizil*
at	aber, jedoch, dagegen	
āter, ātra, ātrum	schwarz, düster	
mōtus, mōtūs *m*	Bewegung	
mōtus terrae	Erdbeben	
plēnus, a, um *(m. Gen.)*	voll (von / mit)	*Plenum, Plenarsaal*
manus, manūs *f*	Hand; Schar (von Bewaffneten)	*manuell, Manier, f. main*
caelum	Himmel	
tendere, tendō, tetendī, tentum	sich anstrengen, spannen; (aus)strecken	*Tendenz, tendieren*
spēs, speī *f*	Erwartung, Hoffnung	
dēmittere, dēmittō, dēmīsī, dēmissum	hinabschicken, sinken lassen	*Demission*
gemitus, gemitūs *m*	Seufzen, Stöhnen; Traurigkeit	
rēs adversae	unglückliche Umstände, Unglück	
querī, queror, questus sum *(m. Akk.)*	klagen, sich beklagen (über)	*Querele, Querulant*
flūctus, flūctūs *m*	Flut, Strömung	*Fluktuation*

orīrī, orior, ortus sum	entstehen, sich erheben	*Orient*
exstinguere, exstinguō, exstīnxī, exstīnctum	auslöschen, vernichten	*Extinktion, e. to extinguish*
proximus, a, um	der nächste	*e. poximate*
reliquus, a, um	künftig, übrig	*Reliquien, e. relics*

F ① Substantive: u-Deklination (4. Deklination)

Beispiel:
magistrātus, -ūs Beamter; Amt

	Sg.	Pl.
Nom.	magistrāt-us	magistrāt-ūs
Gen.	magistrāt-ūs	magistrāt-uum
Dat.	magistrāt-uī	magistrāt-ibus
Akk.	magistrāt-um	magistrāt-ūs
Abl.	magistrāt-ū	magistrāt-ibus

Die meisten Substantive dieser Deklination sind maskulin. Zu domus, -ūs *(f)* werden auch Formen der o-Deklination gebildet, z. B. dom-ōs neben dom-ūs *(Akk. Pl.)*.

② Substantive: e-Deklination (5. Deklination)

Beispiel:
rēs, rĕī Angelegenheit, Ding, Sache

	Sg.	Pl.
Nom.	r-ēs	r-ēs
Gen.	r-ĕī	r-ērum
Dat.	r-ĕī	r-ēbus
Akk.	r-em	r-ēs
Abl.	r-ē	r-ēbus

Fast alle Substantive dieser Deklinationsklasse sind Feminina.

S Genitivus subiectivus/obiectivus

amor patris
die Liebe *des* Vaters
die Liebe *zum* Vater

Nach bestimmten Substantiven, vor allem solchen, die ein Gefühl ausdrücken (z. B. amor, metus), kann der Genitiv bezeichnen:

- die Person, die als „Subjekt" diese Empfindung hat,
- die Person oder Sache, die „Objekt" dieses Gefühles ist.

Genitivus subiectivus und obiectivus sind als Attribut aufzufassen.
Welcher Genitiv vorliegt, ergibt sich aus der Bedeutung der Substantive oder aus dem Kontext.

W

cīvitās	Bürgerrecht; Gemeinde, Staat	vīs	Gewalt, Kraft; Menge
studēre	sich (wissenschaftlich) beschäftigen; sich bemühen (um), streben (nach)	āmittere	aufgeben, verlieren
		resistere	stehen bleiben; Widerstand leisten
perīre	umkommen, zugrunde gehen	dēcernere	beschließen, entscheiden, zuerkennen

patrēs (cōnscrīptī) *Pl.*	Senatoren	
mūtāre, mūtō	(ver)ändern, verwandeln	*sich mausern*
sollicitāre, sollicitō	aufhetzen, beunruhigen, erregen	*e. to solicit*
modus	Art, Weise; Maß	*Modell, Mode, e./f. mode*
interest *(m. Gen.)*	es ist wichtig (für jmd.)	
philosophia	Philosophie	
aestimāre, aestimō	einschätzen, beurteilen	*e. to estimate, f. estimer*
magnī aestimāre	hoch schätzen	
incipere, incipiō, incēpī (coepī), inceptum	anfangen, beginnen	
pars, partis *f (Gen. Pl. -ium)*	Richtung, Seite, Teil	*Partei, partiell, e./f. part*
disciplīna	Disziplin, Lehre	
vītam agere	sein Leben führen	
diēs noctēsque	Tage und Nächte (lang) *(wie lange?)*	
sub *m. Abl.*	unten an / bei, unter *(wo?)*	*e. sub*
tēctum	Dach, Haus	
malum	Leid, Übel, Unglück	*Malheur*
cognōscere, cognōscō, cognōvī, cognitum	erkennen, kennenlernen	
exercēre, exerceō	üben, trainieren; quälen	*exerzieren, e. to exercise*
inopia	Mangel, Not	
subīre, subeō, subiī, subitum	auf sich nehmen, herangehen	
labōrēs subīre	Arbeiten verrichten	
male *Adv.*	schlecht, schlimm	*f. mal*
īnstāre, īnstō, īnstitī	bevorstehen, hart zusetzen	*Instanz*
necessārius, a, um	notwendig	*Necessaire, e. necessary*
vindicāre in *m. Akk.*	vorgehen gegen	*e. to vindicate*
docēre, doceō, docuī, doctum	lehren, unterrichten	*dozieren, Dozent, Doktor*
damnāre, damnō *(m. Gen.)*	verurteilen (wegen)	*e. to damn, f. damner*
fidēs, fideī *f*	Glaube, Treue, Vertrauen, Zuverlässigkeit	*perfide, e. faith, f. foi*
praestāre, praestō, praestitī	*m. Dat.* übertreffen	
	m. Akk. gewähren, leisten, zeigen	
fidem praestāre	die Treue halten	
aut ... aut	entweder ... oder	
fūnus, fūneris *n*	Begräbnis, Untergang	*e. funeral*
pollicērī, polliceor, pollicitus sum	versprechen	

corrumpere, corrumpō, corrūpī, corruptum	bestechen, verderben	*korrupt, Korruption, e. to corrupt*
pellere, pellō, pepulī, pulsum	schlagen, vertreiben	
reprehendere, reprehendō, reprehendī, reprehēnsum	kritisieren, wieder aufgreifen	*e. to reprehend*
dēcernere, dēcernō, dēcrēvī, dēcrētum	beschließen, entscheiden, zuerkennen	
Graecus, a, um	griechisch; *Subst.* Grieche	

S   Ablativus absolutus (1)

a) Erscheinungsform und Übersetzung

Hostibus accedentibus   cives portas clauserunt.
Als (weil) die Feinde heranrückten,   schlossen die Bürger die Tore.

Hostibus victis   omnes gaudebant.
Nachdem (weil) die Feinde besiegt waren,   freuten sich alle.

Ablativus absolutus (Abl. abs.) ist die Bezeichnung für eine häufige Konstruktion, bei der ein Nomen im Ablativ mit einem PPP oder einem Partizip Präsens eine sprachliche Einheit bildet. Die beiden Teile stehen in KNG-Kongruenz.

Der Abl. abs. kann durch einen Adverbialsatz (z.B. mit 'als, nachdem, weil') wiedergegeben werden; das Nomen im Ablativ wird dann zum Subjekt und das Partizip zum Prädikat des Adverbialsatzes. Die jeweilige Sinnrichtung muss aus dem Kontext erschlossen werden (vgl. 23 S ❷ b).

b) Zeitverhältnis

Wie beim Participium coniunctum bezeichnen die Formen des **PPP** die **Vorzeitigkeit**, die des **Partizip Präsens** die **Gleichzeitigkeit**.

c) Der Ablativus absolutus als satzwertige Konstruktion

Hostes celeriter *accedebant.* Cives portas clauserunt.	*Hostibus* celeriter *accedentibus* cives portas clauserunt.
Die Feinde rückten schnell *heran.* Die Bürger schlossen die Tore.	*Als die Feinde* schnell *heranrückten,* schlossen die Bürger die Tore.

Man kann den Abl. abs. als eigenständigen Aussagesatz verstehen, der als satzwertige Konstruktion in einen anderen Satz hineingenommen wurde.

d) Satzgliedfunktion

Der Abl. abs. hat immer die Satzgliedfunktion des Adverbiales. Im Gegensatz zum Participium coniunctum ist das Nomen im Ablativ, auf das sich das Partizip bezieht, meist nicht in den Satz eingebettet; man spricht daher von einer „losgelösten" (absoluten) Konstruktion.

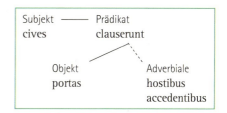

W

agitāre	betreiben, überlegen	laedere	beschädigen, verletzen
errāre	(sich) irren	tālis	derartig, ein solcher, so (beschaffen)
tollere	aufheben, in die Höhe heben, wegnehmen	armātus	bewaffnet
		cōgitāre	denken, beabsichtigen
vetāre	verhindern, verbieten		

īdem, eadem, idem	derselbe, der gleiche	*identisch, Identität*
socius	Gefährte, Verbündeter	*sozial, Sozialismus, Re-sozialisierung*
colligere, colligō, collēgī, collēctum	sammeln	*Kollekte, Kollektion, Kollektiv, e. to collect*
exercitus, exercitūs *m*	Heer	
Polynīce duce	unter der Führung des Polyneikes	
proelium committere	eine Schlacht schlagen	
occīdere, occīdō, occīdī, occīsum	niederschlagen, töten	
obtinēre, obtineō	(in Besitz) haben, (besetzt) halten	*e. to obtain, f. obtenir*
mēns, mentis *f*	Geist, Sinn, Verstand; Meinung	*Mentalität, mental, Kommentar, e. mind*
lūctus, lūctūs *m*	Trauer	
honor/honōs, honōris *m*	Ehre, Ehrenamt	*honorieren, Honorar*
tribuere, tribuō, tribuī, tribūtum	schenken, zuteilen	*Tribut, e tribute*
Creonte auctōre	auf Veranlassung Kreons	
lēx, lēgis *f*	Gesetz, Bedingung	*legal, legitim, Legislative*
aggredī, aggredior, aggressus sum	angreifen, herangehen	*aggressiv, Aggression*
īnferī, īnferōrum *Pl.*	Bewohner der Unterwelt, Unterwelt	*Inferno, infernalisch*
pudet, puduit	es beschämt	
flāgitium	Gemeinheit, Schandtat	
honestus, a, um	angesehen, ehrenhaft	*e. honest, f. honnête*
facinus, facinoris *n*	Handlung, Untat	
audēre, audeō	wagen	
cavēre, caveō, cāvī, cautum *(m. Akk.)*	sich hüten (vor), Vorsorge treffen	*Kaution*
aditus, aditūs *m*	Zugang	
difficilis, e	schwierig	*f. difficile*
custōs, custōdis *m/f*	Wächter(in)	
furor, furōris *m*	Wahnsinn, Wut	*Furie, furios, e. fury, f. fureur*
quaesere, quaesō	bitten	
cōnstituere, cōnstituō, cōnstituī, constitūtum	festsetzen, beschließen	*Konstitution, e. constitution, f. constituer*
obsecrāre, obsecrō	anflehen, bitten	*e. to obsecrate*

persuādēre, persuādeō, persuāsī, persuāsum m. Dat.	überzeugen *(mit AcI / Inf.)*	*persuasiv, e. to persuade, f. persuader*
venia	Gefallen, Nachsicht, Verzeihung	
impetrāre, impetrō	erreichen, durchsetzen	
invītus, a, um	ungern, gegen den Willen	
Creonte invītō	gegen den Willen Kreons	
cōgere, cōgō, coēgī, coāctum	(ver)sammeln, zwingen	
capitis damnāre	zum Tode verurteilen	
Oedipūs, Oedipodis	Ödipus (sagenhafter Herrscher der griechischen Stadt Theben)	
Thēbae, Thebārum *Pl.*	Theben (Hauptstadt der Landschaft Böotien in Griechenland)	
Antigona	Antigone (Tochter des Ödipus)	
Ismēna	Ismene (Tochter des Ödipus)	
Creōn, Creontis	Kreon (Schwager des Ödipus)	

F *extra* Pronomen idem

īdem   derselbe, der nämliche

	Sg.			Pl.		
	m	f	n	m	f	n
Nom.	īdem	éadem	idem	iīdem	eaedem	éadem
Gen.		eiusdem		eōrundem	eārundem	eōrundem
Dat.		eīdem			(e)īsdem	
Akk.	eundem	eandem	idem	eōsdem	eāsdem	éadem
Abl.	eōdem	eādem	eōdem		(e)īsdem	

Die Formen von **idem** bestehen aus den Formen von **is, ea, id** und dem Suffix **-dem**.
An der Fugenstelle kommen Lautveränderungen vor.

S ① Ablativus absolutus (2)

a) Sinnrichtungen

Hostibus victis omnes cives gaudebant.

temporal: Als (nachdem) die Feinde besiegt waren, freuten sich alle Bürger.

kausal: Weil die Feinde besiegt waren, freuten sich alle Bürger.

Hostibus victis oppidum tamen tutum non erat.

konzessiv: Obwohl die Feinde besiegt waren, war die Stadt dennoch nicht sicher.

Neben der temporalen und kausalen hat der Abl. abs. manchmal eine konzessive Sinnrichtung.
Sie wird oft durch ein entsprechendes „Signalwort" (**tamen**) deutlich gemacht.
Modale (z. B. 'wobei …') und kondizionale (z. B. 'falls …') Sinnrichtung sind selten.

b) Übersetzungsmöglichkeiten

Hostibus victis oppidum (tamen) tutum non erat.

Adverbialsatz: Obwohl die Feinde besiegt waren, war die Stadt (dennoch) nicht sicher.

Präpositionalausdruck: Trotz des Sieges über die Feinde war die Stadt nicht sicher.

Beiordnung: Die Feinde waren besiegt worden; trotzdem (dennoch) war die Stadt nicht sicher.

Eine wörtliche Übersetzung des Abl. abs. ist nicht möglich.

❷ Ablativus absolutus (3)

Hannibale duce	unter der Führung Hannibals
Cicerone consule	unter dem Konsulat Ciceros
Caesare auctore	auf Veranlassung Cäsars
imperatore invito	gegen den Willen des Feldherrn

In einigen Wendungen tritt beim Abl. abs. an die Stelle des Partizips ein Substantiv oder Adjektiv. Das Partizip fehlt, weil **esse** kein Partizip bildet. Bei der Wiedergabe im Deutschen verwendet man meistens Präpositionalausdrücke. In diesen Fällen bezeichnet der Abl. abs. die Gleichzeitigkeit.

Einige der typischen und wichtigen „**Kulturwörter**" des Lateinischen:

aedificium	i. edificio	s. edificio	f. édifice	e. edifice	
furor	i. furore	s. furor	f. fureur	e. fury	dt. Furie
lex	i. legge	s. ley	f. loi		dt. Legislative
modus	i. modo	s. modo	f. mode	e. mode	dt. Modus, Mode
numerus	i. numero	s. número	f. nombre/ numéro	e. number	dt. Nummer
pars	i. parte	s. parte	f. part	e. part	
voluntas	i. volontà	s. voluntad	f. volonté		

LATEIN LEBT

Übersicht: Substantive (alle Deklinationsklassen)

Substantive nach Deklinationsklassen

a-Deklination

	Sg.	Pl.
Nom.	domin-a	domin-ae
Gen.	domin-ae	domin-ārum
Dat.	domin-ae	domin-īs
Akk.	domin-am	domin-ās
Abl.	domin-ā	domin-īs

o-Deklination

	Sg.	Pl.		Sg.	Pl.
Nom.	domin-us	domin-ī	Nom.	templ-um	templ-a
Gen.	domin-ī	domin-ōrum	Gen.	templ-ī	templ-ōrum
Dat.	domin-ō	domin-īs	Dat.	templ-ō	templ-īs
Akk.	domin-um	domin-ōs	Akk.	templ-um	templ-a
Abl.	domin-ō	domin-īs	Abl.	templ-ō	templ-īs

3. Deklination (Mischdeklination)

	Sg.	Pl.		Sg.	Pl.
Nom.	senātor	senātōr-ēs	Nom.	corpus	corpor-a
Gen.	senātōr-is	senātōr-um	Gen.	corpor-is	corpor-um
Dat.	senātōr-ī	senātōr-ibus	Dat.	corpor-ī	corpor-ibus
Akk.	senātōr-em	senātōr-ēs	Akk.	corpus	corpor-a
Abl.	senātōr-e	senātōr-ibus	Abl.	corpor-e	corpor-ibus

u-Deklination

	Sg.	Pl.
Nom.	mōt-us	mōt-ūs
Gen.	mōt-ūs	mōt-uum
Dat.	mōt-uī	mōt-ibus
Akk.	mōt-um	mōt-ūs
Abl.	mōt-ū	mōt-ibus

e-Deklination

	Sg.	Pl.
Nom.	rēs	rēs
Gen.	rĕī	rērum
Dat.	rĕī	rēbus
Akk.	rem	rēs
Abl.	rē	rēbus

W

patria	Heimat	perdere	verlieren, verschwenden, zugrunde richten
pūgnāre	kämpfen	postquam	nachdem
hostis	Feind	iter	Reise, Weg, Marsch
līberī	Kinder	gēns	Familienverband, Stamm, Volk

māior, māiōris	größer	*Majorität, Major*
maximus, a, um	der größte, sehr groß	*maximal, Maximum*
quam	als, wie; *mit Superlativ:* möglichst	
incendere, incendō, incendī, incēnsum	entflammen, in Brand stecken	
īrā incēnsus	zornentbrannt	
saevus, a, um	schrecklich, wild, wütend	
incola, ae *m*	Einwohner, Bewohner	
quō ... eō *m. Komp.*	je ... desto	
plūrēs, a	mehr	
parcere, parcō, pepercī *m. Dat.*	schonen, sparen	
ūnā *Adv.*	zugleich, zusammen	
condere, condō, condidī, conditum	verwahren, verbergen, bestatten; erbauen, gründen	
īgnis, īgnis *m*	Feuer	
relinquere, relinquō, relīquī, relictum	unbeachtet lassen, verlassen	
reddere, reddō, reddidī, redditum *m. dopp. Akk.*	jmd. zu etwas machen	*e. render*
familiāris, e	freundschaftlich, vertraut; *Subst.* Freund	*familiär, e. familiar, f. familier*
ēdūcere, ēdūcō, ēdūxī, ēductum	herausführen	
cārus, a, um	lieb, teuer, wertvoll	*„Caritas", f. cher*
effugere, effugiō, effūgī *(m. Akk.)*	entfliehen, entkommen	
extrā *m. Akk.*	außerhalb (von)	
cōnspicere, cōnspiciō, cōnspexī, cōnspectum	erblicken	*e. conspicuous*
sē praebēre *m. Akk.*	sich zeigen (als), sich erweisen (als)	
saepe *Adv.*	oft	
umbra	Schatten	*f. ombre*
dulcis, e	angenehm, süß	*„Dolce vita", f. doux*
optimus, a, um	der beste, sehr gut	*optimal, Optimist*
nūmen, nūminis *n*	Gottheit, göttlicher Wille	*numinos*
ēvenīre, ēveniō, ēvēnī, ēventum	sich ereignen	*eventuell, „Event"*
melior, meliōris	besser	*f. meilleur*
sēdēs, sēdis *f*	Platz, Sitz, Wohnsitz	*e. seat*

plūrimī, ae, a	sehr viele	
facere *m. dopp. Akk.*	jmd. zu etwas machen	
retinēre, retineō	behalten, festhalten, zurückhalten	*e. to retain*
commūnis, e	gemeinsam, allgemein	*Kommunion, Kommune, Kommunismus*
minor, minoris	kleiner, geringer	*Minorität, e. minor*
minimus, a, um	der kleinste, geringste	

Trōiānī, Trōiānōrum	die Trojaner
Graecī, Graecōrum	die Griechen
Aenēās, Aenēae *m*	Äneas (trojanischer Held, Stammvater der Römer)
Trōia	Troja
Anchīsēs, is *m*	Anchises (Vater des Äneas)
Ascanius	Askanius bzw. Julus (Sohn des Äneas)
Creūsa	Kreusa (Gattin des Äneas)

F 1 Adjektive: Steigerung

a) longus, a, um — longior, ius — longissimus, a, um
lang — länger — der, die, das längste
long — *longer* — *longest*

Neben der Grundstufe der Adjektive (dem **Positiv**) gibt es im Lateinischen wie im Deutschen und Englischen

- den **Komparativ** (die Steigerungs- oder Vergleichsstufe),
- den **Superlativ** (die Höchststufe).

Zur Bildung dieser Formen wird

- im Komparativ **-ior** *(m/f)*, **-ius** *(n)*,
- im Superlativ **-issimus, a, um** an den Wortstamm angefügt.

Ausnahmen:
- Bei den Adjektiven auf -er wird der Superlativ mit **-rimus, a, um** gebildet, z. B. miser, miserrimus.
- Einige Adjektive auf -lis bilden den Superlativ auf **-limus, a, um**, z. B. difficilis, difficillimus.

b) Der **Komparativ** wird dekliniert wie die Substantive der 3. Deklination:

	Sg. m/f	n	Pl. m/f	n
Nom.	longior	longius	longiōrēs	longiōra
Gen.	longiōris		longiōrum	
Dat.	longiōrī		longiōribus	
Akk.	longiōrem	longius	longiōrēs	longiōra
Abl.	longiōre		longiōribus	

c) Die **Superlative** bilden die Flexionsformen wie die Adjektive der a- und o-Deklination.

d) Einige häufig gebrauchte Adjektive haben **unregelmäßige Steigerungsformen**, z. B.:

magnus	maior	maximus	bonus	(melior)	optimus
groß	größer	der größte	gut	(besser)	der beste
parvus	(minor)	(minimus)	multi	plures	plurimi
klein	(kleiner)	(der kleinste)	viele	mehr	die meisten

Alle unregelmäßigen Steigerungsformen werden im Wortschatz gelernt.

2 Adverbien: Steigerung

a) celer-iter — celer-ius — celerrim-ē
schnell — schneller — am schnellsten

Der Komparativ des Adverbs wird mit **-ius** gebildet, der Superlativ mit **-ē**.

b) Auch einige Adverbien, zu denen es keine Adjektivformen gibt, können gesteigert werden,
z.B.: **diu** (lange), **diutius** (länger)

c) Einige Adverbien haben **unregelmäßige Steigerungsformen**,
z.B.: **magis** (mehr), **maxime** (am meisten, besonders).

Sie werden – wie die unregelmäßigen Steigerungsformen der Adjektive – im Wortschatz gelernt.

S 1 Verwendung der Steigerungsformen

a) Iter longius est.
Der Weg ist *zu* weit / *ziemlich* weit.

Wird ein Komparativ gebraucht, ohne dass ein Vergleich durchgeführt wird, so übersetzt man je nach Sinnzusammenhang mit '(all)zu' oder 'ziemlich'.

b) Consul clarissimus est.
Der Konsul ist *sehr* berühmt / *hoch*berühmt.

Ein Superlativ drückt manchmal nicht den höchsten Grad, sondern nur eine Hervorhebung aus („Elativ").

c) quam celerrime
möglichst schnell

Bei einem Superlativ bedeutet **quam** 'möglichst'.

2 Vergleich mit quam/Ablativ des Vergleichs

Nemo fortior erat quam Aeneas.
Nemo fortior erat Aeneā.
Niemand war tapferer als Äneas.

Wird der Komparativ in einem Vergleich verwendet, so wird die Person oder Sache, mit der verglichen wird, mit **quam** ('als') angeschlossen.
Anstelle der Konstruktion mit **quam** kommt auch der Ablativ des Vergleichs (Ablativus comparationis) vor.

extra 3 Doppelter Akkusativ

Comites *Aeneam virum fortissimum* vocabant.
Die Gefährten nannten *Äneas einen sehr tapferen Mann*.

Aeneas *se virum fortissimum* praebuit.
Äneas zeigte *sich als sehr tapferer Mann*.

Ein doppelter Akkusativ entsteht meist dadurch, dass nach bestimmten Verben zu einem Akkusativobjekt ein Prädikatsnomen tritt, das mit dem Akkusativobjekt in Kongruenz steht, z.B. nach

vocare, appellare, nominare	nennen, bezeichnen (als)
putare	halten für
facere, reddere	machen (zu)
habere	halten für, haben als
se praebere	sich zeigen (als), sich erweisen (als)

W

clāmāre	laut rufen, schreien	deinde	dann, darauf
quid?	was?	posteā	nachher, später
emere	kaufen	accipere	aufnehmen, erhalten, erfahren
cōnficere	beenden, fertig machen	modus	Art, Weise; Maß

aliquis, aliquid *(Gen.* **alicuius** *usw.)*	(irgend)jemand	
dīversus, a, um	entgegengesetzt, feindlich, verschieden	*divers, e. diverse*
lingua	Rede, Sprache	*Linguistik, e. language*
ubī terrārum?	wo in aller Welt?	
quid novī?	was an Neuigkeiten?	
cōpia	Menge, Möglichkeit, Vorrat	*Kopie, kopieren, e. copy*
pretium	Preis, Wert, Geld	*Preziosen, e. price, f. prix*
parvō/magnō pretiō emere/vendere	(für einen niedrigen/hohen Preis) billig/teuer kaufen/verkaufen	
portus, portūs *m*	Hafen	*e./f. port*
vehere, vehō, vēxī, vectum	fahren, tragen, ziehen	*Vehikel, Vektor*
cōnstāre, cōnstō, cōnstitī	feststehen; kosten	*konstant, Konstanze*
magnō cōnstāre	viel kosten, teuer sein	
nōscere, nōscō, nōvī, nōtum	erkennen, kennenlernen	
nōmine	namens	
cēnāre, cēnō	essen	
rēctē *Adv.*	geradeaus, richtig, zu Recht	*e. right*
multōs annōs	viele Jahre lang *(wie lange?)*	
praeesse, praesum, praefuī *m. Dat.*	an der Spitze stehen, leiten	
inde *Adv.*	von dort; darauf; deshalb	
genus, generis *n*	Abstammung, Art, Geschlecht	*Genus, Genre, generell*
committere, committō, commīsī, commissum	anvertrauen, veranstalten, zustande bringen	
satis *Adv.*	genug	*satt*
ingenium	Begabung, Talent	*Ingenieur*
ēgregius, a, um	ausgezeichnet, hervorragend	
pertinēre, pertineō *(ad m. Akk.)*	betreffen, gehören (zu), sich erstrecken (bis)	*e. to pertain*
quid ad rem pertinet?	was tut das zur Sache?	
nōn modo ... sed etiam	nicht nur ... sondern auch	
mīlitāris, e	Kriegs-, militärisch	*Militär, e. military*
ōtium	freie Zeit, Ruhe (von berufl. Tätigkeit)	
postrēmō *Adv.*	schließlich	
sūmptus, sūmptūs *m*	der Aufwand, die Kosten	
sūmptūs facere	Ausgaben tätigen, ausgeben	
varius, a, um	bunt, verschieden, vielfältig	*variabel, Variante, e. various*
voluptās, voluptātis *f*	Lust, Vergnügen	
scīlicet *Adv.*	freilich, natürlich, selbstverständlich	

Asia	Asien (röm. Provinz)
Lūcullus	Lukull (röm. Feldherr)
quaestor, ōris *m*	Quästor (röm. Beamter, verantwortlich für die Staatskasse)
aedīlis, is *m*	Ädil (röm. Polizeibeamter)
praetor, ōris *m*	Prätor (röm. Beamter, zuständig für das Rechtswesen)

F *extra* Indefinitpronomen: (ali)quis

a) substantivisch

			m/f	n
aliquis	irgendjemand	Nom.	aliquis	aliquid
aliquid	irgendetwas	Gen.	alicuius	alicuius reī
			usw.	usw.

Beim Indefinitpronomen (unbestimmten Fürwort) **aliquis** werden die Deklinationsformen des Interrogativpronomens **quis** (vgl. 17 F 1 a) um das Präfix **ali-** erweitert.

b) adjektivisch

aliquī vir   irgendein Mann

Wird das Indefinitpronomen adjektivisch verwendet, so stimmen die dem Präfix **ali-** folgenden Deklinationsformen weitgehend mit denen des Relativpronomens (**qui, quae, quod**) überein (vgl. 12 F):

	Sg.			Pl.		
	m	f	n	m	f	n
Nom.	aliquī	aliqua	aliquod	aliquī	aliquae	aliqua
Gen.		alicuius		aliquōrum	aliquārum	aliquōrum
		usw.			usw.	

c) sī quis   wenn jemand

Nach **si, num, cum** und einigen anderen „kleinen Wörtern" fällt das Präfix **ali-** weg.

S ① Genitiv als Prädikatsnomen: Genitiv der Zugehörigkeit

a) Haec domus *est patris.*
   Dieses Haus *gehört dem Vater.*

Der Genitiv der Zugehörigkeit hebt den Eigentümer einer Sache hervor (Genitivus possessivus).

b) *Consulis est*   civitatem regere.
   Es ist die Aufgabe eines Konsuls,   den Staat zu lenken.

   Viri vere magni est   nihil timere.
   Es ist typisch für einen wirklich großen Mann, nichts zu fürchten.

Wendungen, die aus einem Genitiv der Zugehörigkeit und einem unpersönlichen **est** bestehen, drücken aus, dass etwas Aufgabe, Pflicht oder charakteristische Eigenschaft der Person ist, die im Genitiv steht.

c) Da der Genitiv der Zugehörigkeit eng zur Form von esse gehört und mit dieser das Prädikat bildet, wird er als Prädikatsnomen aufgefasst.

extra 2 Genitiv als Attribut: Genitivus partitivus

Cur ibi multitudo *hominum* est?
Pars *eorum* ad tabernas contendit, pars stat et spectat.

Warum ist dort eine Menge *Menschen*?
Ein Teil von *ihnen* eilt zu den Läden, ein (anderer) Teil steht herum und schaut.

Der Genitivus partitivus (hier: **hominum** bzw. **eorum**) bezeichnet die Gesamtheit, von der ein bestimmter Teil (hier: **multitudo** bzw. **pars**) genannt wird.

Der Genitivus partitivus steht hauptsächlich bei Maß- und Mengenangaben (z. B. **vis, copia, pars, multum**) sowie bei einigen Pronomina (z. B. **nemo, quis**). Er ist als Attribut aufzufassen.

Beachte folgende Wendungen:

multum pecuniae	quid novi?	ubi terrarum?	quis vestrum?
viel Geld	Was (gibt es) Neues?	wo auf der Welt?	wer von euch?

KONTEXT

Romulus urbem Romam condidit.	Romulus gründete die Stadt Rom.
Antigona fratrem condidit.	Antigone bestattete ihren Bruder.
Imperator milites coegit.	Der Feldherr (ver)sammelte die Soldaten.
Milites pugnare coegit.	Er zwang die Soldaten zu kämpfen.
Manus ad caelum tollimus.	Wir (er)heben die Hände zum Himmel.
Amicis timorem tollimus.	Wir nehmen den Freunden die Furcht.
Amic*o* persuasi.	Ich habe *den* Freund überzeugt (überredet).
Serv*o* peperci.	Ich habe *den* Sklaven geschont.
Exercit*ui* praefui.	Ich habe *das* Heer befehligt (kommandiert).
Omn*ibus* virtute praestitit.	Er übertraf alle an Tapferkeit.
Magn*am* virtut*em* praestitit.	Er zeigte (bewies) große Tapferkeit.
Oracul*um* consulimus.	Wir fragen das Orakel um Rat.
Liber*is* bene consulimus.	Wir sorgen gut für unsere Kinder.
In hostes vehementer consulimus.	Wir gehen energisch gegen die Feinde vor.
Dominus librum quaerit.	Der Herr will ein Buch kaufen (erwerben).
Servus dominum quaerit.	Der Sklave sucht den Herrn.
Amica pretium *e mercatore* quaerit.	Die Freundin fragt *den Kaufmann* nach dem Preis.

LATEIN LEBT

Welche **lateinischen Adjektive** gehören zu den folgenden **französischen**?
militaire – varié – divers
Das Gleiche für die **Substantive**: *genre – volupté – port*

fortis	tapfer, kräftig	celer	schnell
scrībere	beschreiben, schreiben	numquam	niemals
ante	vor	nēmō	niemand
venīre	kommen	omnis	ganz, jeder; Pl. alle

ferre, ferō, tulī, lātum	bringen, tragen; ertragen	
morbus	Krankheit	*morbid*
minus *Adv.*	weniger	*minus, f. moins*
prius *Adv.*	früher, zuerst	
illud philosophorum	jenes bekannte Wort der Philosophen	
memoria	Erinnerung, Gedächtnis; Zeit	*Memoiren, Memory, e. memory, f. mémoire*
memoriā tenēre	im Gedächtnis behalten	
ac (~ atque)	und, und auch; *im Vergleich:* wie, als	
condiciō, condiciōnis *f*	Bedingung, Lage, Verabredung	*Konditionalsatz, Kondition, e./f. condition*
magnitūdō, magnitūdinis *f*	Größe	*e. magnitude*
cōnferre, cōnferō, cōntulī, collātum	vergleichen, zusammentragen	*Konferenz, cf. (confer!), e. to confer*
vīsere, vīsō, vīsī, vīsum	besichtigen, besuchen	*Re-vision, Visite, Visitenkarte*
ūsus, ūsūs *m*	Benutzung, Nutzen	*„Usus", e. use*
ūsuī esse *m. Dat.*	jmd. von Nutzen sein	
quamobrem	warum	
cultus, cultūs *m*	Pflege, Verehrung	*Kultur, Kult, kultiviert*
cūrae esse *m. Dat.*	jmd. Sorge bereiten, jmd. wichtig sein	
afferre, afferō, attulī, allātum	bringen, herbeibringen, mitbringen; melden	
quīdam, quaedam, quoddam	ein gewisser, irgendeiner; *Pl.* einige	
aedis, aedis *f (Gen. Pl.* -ium)	Tempel, *Pl.* Haus, Gebäude	
theātrum	Theater	
cernere, cernō	sehen, bemerken	*Kon-zern*
dēscendere, dēscendō, dēscendī, dēscēnsum	herabsteigen	*Deszendenz, e. to descend, f. déscendre*
maximē *Adv.*	am meisten, besonders	
ēiusmodī *indekl.*	derartig, so beschaffen	
auferre, auferō, abstulī, ablātum	rauben, wegbringen	*Ablativ*
tollere, tollō, sustulī, sublātum	aufheben, in die Höhe heben, wegnehmen	
postrēmō *Adv.*	schließlich; kurz (gesagt)	
praesidium	(Wach-)Posten, Schutztruppe, Schutz	*Präsidium, Präsident*
tunc *Adv.*	damals, dann	
forās *Adv.*	heraus, hinaus *(wohin?)*	
laetus, a, um	froh; fruchtbar	
Diāna	Diana (Göttin der Jagd und der Natur; griech. Artemis)	
Ephesius, a, um	aus Ephesos	
Ephesiī, ōrum	die Ephesier (Einwohner von Ephesos)	

F Verben: ferre

a) Infinitiv Präsens

fer-re	tragen
fer-rī	getragen werden

b) Präsensstamm

		Aktiv		Passiv	
		Sg.	Pl.	Sg.	Pl.
Ind. Präs.	1. Pers.	fer-ō	fér-i-mus	fer-or	fér-i-mur
	2. Pers.	fer-s	fer-tis	fer-ris	fer-i-minī
	3. Pers.	fer-t	fer-u-nt	fer-tur	fer-u-ntur
Ind. Impf.	1. Pers.	fer-ēba-m	usw.	fer-ēba-r	usw.
Futur	1. Pers.	fer-a-m		fer-a-r	
	2. Pers.	fer-ē-s	usw.	fer-ē-ris	usw.

Die Formen des Präsensstammes von **ferre** werden regelmäßig gebildet; vor den Endungen, die mit -m, -n oder -b beginnen, wird ein Bindevokal eingefügt.

Imperativ	fer	trage!	fer-te	tragt!

c) Perfektstamm

Stammformen: ferre   ferō   tulī   lātum

		Aktiv		Passiv	
		Sg.		Sg.	
Ind. Perf.	1. Pers.	tul-ī		lātus, a, um sum	
	2. Pers.	tul-istī	usw.	lātus, a, um es	usw.
Ind. Plusqpf.	1. Pers.	tul-era-m		lātus, a, um eram	
	2. Pers.	tul-erā-s	usw.	lātus, a, um erās	usw.

d) Komposita

Die Bedeutungen der Komposita von **ferre** sind meist leicht zu erschließen. Allerdings werden die Vorsilben häufig assimiliert (angeglichen), z. B. **af-ferre** aus **ad-ferre**, **al-latum** aus **ad-latum**.

S extra

1 Ablativ als Prädikatsnomen/Attribut: Ablativ der Beschaffenheit

Milites magna audacia erant.
(Die Soldaten waren von großem Mut.)
Die Soldaten waren sehr mutig.

Der Ablativ der Beschaffenheit (Ablativus qualitatis) bezeichnet eine Eigenschaft. Bei Formen von **esse** ist er als Prädikatsnomen aufzufassen.

Cicero, vir summo ingenio (= summi ingenii), multos libros legit.
Cicero, ein Mann von (mit) höchster Begabung, las viele Bücher.

Bisweilen wird der Ablativ der Beschaffenheit wie der Genitiv der Beschaffenheit als Attribut verwendet.

2 Genitiv als Attribut: Genitiv der Beschaffenheit

res	*eius modi*	iter	*paucorum dierum*	vir	*summi ingenii*
eine Sache	von dieser Art	ein Marsch	von wenigen Tagen	ein Mann	von (mit) höchster Begabung
eine *derartige* Sache					

Der Genitiv kann die Beschaffenheit oder Eigenart eines Substantivs bezeichnen (Genitivus qualitatis). Er gehört meist als Attribut zu diesem Substantiv.

3 Dativ als Prädikatsnomen: Dativ des Zwecks

Hoc   magno usui est.
Das ist   von großem Nutzen.

Der Dativ eines abstrakten Substantivs (z.B. usus, honos, cura) gibt in Verbindung mit einer Form von esse an, welche Auswirkung oder welchen Zweck etwas hat (Dativus finalis).
Der Dativ des Zwecks ist als Prädikatsnomen aufzufassen.

extra 4 Dativ als Adverbiale: Dativ des Vorteils

Hadrianus provinciis bene consuluit.
Hadrian sorgte gut für die Provinzen.

Der Dativ des Vorteils (Dativus commodi) bezeichnet eine Person oder Sache, für die eine Handlung geschieht bzw. zu deren Vorteil (oder Nachteil) etwas ist. Wir fragen „für wen?" oder „wofür?".

denken   SACHFELD

aestimare	agitare	cernere	cogitare	conicere
einschätzen, beurteilen	betreiben, überlegen	sehen, bemerken	beabsichtigen, denken	folgern, vermuten
cognoscere erkennen, kennenlernen				componere vergleichen
memoria tenere im Gedächtnis behalten				conferre vergleichen, zusammentragen
ignorare nicht kennen, nicht wissen				intellegere (be)merken, verstehen
non ignorare gut kennen, wohl wissen	scire kennen, verstehen, wissen		nescire nicht wissen	invenire finden, erfinden

W

agere	handeln, treiben, verhandeln	cūra	Sorge, Pflege
rēs	Angelegenheit, Ding, Sache	cum	(immer) wenn, als (plötzlich), (zu der Zeit) als
tantum	nur		
post	hinter, nach	ad	an, bei, nach, zu

unde	woher	
quārē	weshalb, wodurch	
	rel. Satzanschluss: deshalb	
hercule(s)!	beim Herkules!	
causā *(nachgestellt) m. Gen.*	wegen	*h.c. (honoris causa)*
quid āctum est?	was ist passiert?	
gaudiō esse *m. Dat.*	jmd. Freude bereiten	
lībertīnus	Freigelassener	
dīves, dīvitis	reich	
rārus, a, um	selten, vereinzelt	*rar, Rarität, e./f. rare*
modo *Adv.*	nur	
singulus, a, um	je ein, jeder einzelne	*Single, Singular, singulär*
trēs, trēs, tria	drei	*Trio, e. three*
mollis, e	weich, angenehm; freundlich	*Moll, mollig*
idōneus, a, um	geeignet, passend	
ōs, ōris *n*	Gesicht, Mund	*oral*
in ōre omnium esse	in aller Munde sein	
mihi magnae cūrae est	es ist mir sehr wichtig	
cupidus, a, um *(m. Gen.)*	(be)gierig (nach)	
laus, laudis *f*	Lob, Ruhm	*Laudatio*
impōnere, impōnō, imposuī, impositum	auferlegen, (hin)einsetzen	*imponieren, e. to impose*
pēs, pedis *m*	Fuß	*Pedal, Expedition, e. foot, f. pied*
nōndum	noch nicht	
cantāre	singen	*Kantate, f. chanter*
nimium *Adv.*	(all)zu, (all)zu sehr	
bona animi	innere Werte	
laudī esse *m. Dat.*	für jmd. lobenswert sein	

Eins, zwei, drei!

unus	*i.* uno	*f.* un	*s.* un
duo	*i.* due	*f.* deux	*s.* dos
tres	*i.* tre	*f.* trois	*s.* tres

LATEIN LEBT

F Verben: Konjunktiv Imperfekt und Plusquamperfekt

Die lateinischen Verbformen geben außer der Person, dem Numerus (Singular bzw. Plural), dem Tempus (z. B. Präsens, Imperfekt) und dem Genus verbi (Aktiv bzw. Passiv) auch den **Modus** (die Aussageweise) an; man unterscheidet drei Modi:

- **Indikativ** (sog. Wirklichkeitsform, z. B. er geht),
- **Imperativ** (Befehlsform, z. B. geh!),
- **Konjunktiv** (sog. Möglichkeitsform, z. B. er ginge, würde gehen).

a) Konjunktiv Imperfekt

vocā-re-m   ich würde rufen   vocā-re-r   ich würde gerufen (werden)

Aktiv	ā-Konjugation	ē-Konjugation	ī-Konjugation	kons. Konjugation	
1. Pers.	vocā-re-m	monē-re-m	audī-re-m	ag-ere-m	cap-ere-m
2. Pers.	vocā-rē-s	monē-rē-s	audī-rē-s	ag-erē-s	cap-erē-s
Sg.	usw.	usw.	usw.	usw.	usw.
Passiv					
1. Pers.	vocā-re-r	monē-re-r	audī-re-r	ag-ere-r	cap-ere-r
2. Pers.	vocā-rē-ris	monē-rē-ris	audī-rē-ris	ag-erē-ris	cap-erē-ris
Sg.	usw.	usw.	usw.	usw.	usw.

Der Konjunktiv Imperfekt wird ebenso wie der Indikativ Imperfekt in allen Konjugationen gleich gebildet. Zeichen des Konjunktiv Imperfekt ist **-re-** bzw. **-ere-** .

Die Formen des Konjunktiv Imperfekt der **Deponentien** entsprechen denen des Passivs (z. B. opina **-re -r**).

Besonders zu beachten sind:

Konj. Impf. Akt.		Infinitiv
īrem, īrēs	usw. zu	īre
essem, essēs	usw. zu	esse
vellem, vellēs	usw. zu	velle
nōllem, nōllēs	usw. zu	nōlle
ferrem, ferrēs	usw. zu	ferre

Vollständige Tabellen befinden sich im Tabellarium, S. 130 ff., und S. 120 f.

b) Konjunktiv Plusquamperfekt

	Aktiv		Passiv	
1. Pers.	vocā-v-isse-m	ich hätte gerufen	vocā-tus, a, um essem	ich wäre gerufen worden
2. Pers.	vocā-v-issē-s	usw.	vocā-tus, a, um essēs	usw.

Die Formen des Konjunktiv Plusquamperfekt werden in allen Konjugationen gleich gebildet.
Die Formen des Konjunktiv Plusquamperfekt der **Deponentien** entsprechen denen des Passivs (z. B. opinatus, a, um essem).

Zeichen des Konjunktiv Plusquamperfekt Aktiv ist -isse- , das an den Perfektstamm angefügt wird. Im Passiv steht nach der PPP-Form eine Form des Konjunktiv Imperfekt von esse (z. B. vocatus esset).

Die Formen von esse lauten: fuissem, fuissēs usw.
Die Formen von ire lauten: īssem, īssēs usw.

Vollständige Tabellen befinden sich im Tabellarium, S. 132 ff., und S. 120 f.

S Konjunktiv als Irrealis

Marcum vocarem, si adesset.	Marcum vocavissem, si adfuisset.
Ich würde Markus rufen, wenn er da wäre.	Ich hätte Markus gerufen, wenn er da gewesen wäre.

Der **Konjunktiv Imperfekt** sowie der **Konjunktiv Plusquamperfekt** drücken aus, dass etwas sein könnte, aber nicht ist, bzw. dass etwas hätte sein können, aber nicht war.
Sie dienen also zum Ausdruck des **Irrealis** (der „Nichtwirklichkeit") in Bezug auf die Gegenwart bzw. die Vergangenheit.

promitte-re-nt	promis-isse-t
sie würden versprechen	er hätte versprochen
they would promise	*he would have promised*

Solche Konjunktive kommen in der gleichen Funktion auch im Deutschen und Englischen vor.

Aussagen – wie wir sie täglich in der Zeitung lesen oder in Nachrichten hören:

Die *Kollekte* für die Flutopfer erbrachte ein stolzes Ergebnis.
Die Politiker *appellierten* an die *soziale* Verantwortung der Bürger.
Die *Pazifisten* demonstrierten gegen die Teilnahme an dem *Militär*schlag.
Bei der *Moden*schau sah man attraktive *Modelle*.
Die Mannschaft beherrschte eine *varianten*reiche *Defensiv*taktik.
Das *Präsidium* des Konzerns berief eilig eine *Konferenz* ein.
Bei der *Auktion* kamen wieder erlesene *Raritäten* zur Versteigerung.
Die Sängerin *imponierte* mit einer anspruchsvollen *Kantate*.

LATEIN LEBT

W

genus	Abstammung, Art, Geschlecht	cognōscere	erkennen, kennenlernen
nōbilis	adelig, berühmt, vornehm	mittere	(los)lassen, schicken, werfen
dēcernere	beschließen, entscheiden, zuerkennen	nihil	nichts
dīligēns	gewissenhaft, sorgfältig	ergō	also

discere, discō, didicī	lernen, erfahren	
iūdicāre, iūdicō	beurteilen, urteilen	
prīvātus, a, um	privat, persönlich	*privat*
iūdicium	Gericht, Urteil	*e. judgement*
potestās, potestātis f	(Amts-)Gewalt, Macht	
sermō, sermōnis m	Äußerung, Gerede, Gespräch, Sprache	*„Sermon"*
frequēns, frequentis	häufig, zahlreich	*Frequenz, frequentieren, e. frequent, f. fréquent*
versus, versūs m	Zeile, Vers	*e. verse, f. vers*
littera	Buchstabe; *Pl.* Brief; Literatur, Wissenschaft	*Letter, Alliteration, e. letter f. lettre*
litterīs mandāre	schriftlich festhalten, aufschreiben	
vulgus, vulgī n	die Leute (aus dem Volk), der Pöbel, die große Masse	*vulgär*
dīligentia	Sorgfalt	*e./f. diligence*
memoriae studēre	das Gedächtnis üben	
anima	Atem, Leben	*f. âme*
praetereā *Adv.*	außerdem	
sīdus, sīderis n	Stern, Sternbild	
immortālis, e	unsterblich	*e. immortal, f. immortel*
iuventūs, iuventūtis f	Jugend	*e. youth*
trādere, trādō, trādidī, trāditum	übergeben, überliefern	*tradieren, Tradition, e./f. tradition*
perspicere, perspiciō, perspexī, perspectum	erkennen, genau betrachten, sehen	
Druidēs, Druidum m	Druiden (Priester der Kelten)	

WORTFAMILIEN

```
        potestas                    rex   rec-te           liber-i
           |                         |                        |
posse,  potest           regere, reg-o, rex-i, rec-tum      liber
           |                         |                        |
       potens, potentis           reg-num                  liber-tus
           |                       reg-ius                 liber-tinus
         potentia                  reg-io                  liber-are
```

F

1 nd-Formen: Gerundium

Nom.	vocāre		rufen / (das) Rufen	ā-Konjugation
Gen.	voca-**nd**-ī		des Rufens	
Dat.	voca-**nd**-ō		dem Rufen	
Akk.	ad voca-**nd**-um		zum Rufen	
Abl.	voca-**nd**-ō		durch Rufen	
	monē-re	mone-**nd**-ī	usw.	ē-Konjugation
	audī-re	audi-e-**nd**-ī	usw.	ī-Konjugation
	ag-ĕ-re	ag-e-**nd**-ī	usw.	kons. Konjugation
	capĕ-re	capi-e-**nd**-ī	usw.	

Wie im Deutschen und Englischen kann man auch im Lateinischen Verben zu Substantiven machen und deklinieren. Für den Nominativ gibt es im Lateinischen keine eigene Form, stattdessen wird der Infinitiv verwendet.

Das Gerundium wird in gleicher Weise zu aktiven Verben (z. B. **vocāre, vocandī**) und zu Deponentien (z. B. **loquī, loquendī**) gebildet.

Die Verwendung des Infinitivs statt eines substantivierten Verbs ist auch im Deutschen und Englischen möglich:

Infinitiv	substantiviertes Verb
Es macht Spaß *zu lesen*.	*(Das) Lesen* macht Spaß.
To read is fun.	*Reading* is fun.
Legere delectat.	–

Die anderen Kasus des Gerundiums werden dadurch gebildet, dass an den Präsensstamm der Verben (der bei der ī- und kons. Konjugation durch den Bindevokal -e- erweitert wird) **-nd-** angefügt wird, worauf die Kasusendungen der o-Deklination im Singular folgen.

2 nd-Formen: Gerundiv(um)

liber legendus	librī legendī
ein Buch, das gelesen wird	Bücher, die gelesen werden
(gelesen werden soll)	(gelesen werden sollen)
ein lesenswertes Buch	lesenswerte Bücher

Das Gerundivum kann alle Formen eines Adjektivs (der a- und o-Deklination) bilden. Es wird ebenso wie das Gerundium mit **-nd-** gebildet. Es kommt bei aktiven Verben (z. B. **legendus, a, um**) und Deponentien (z. B. **verendus, a, um**) vor.

1 Verwendung des Gerundiums

a) Erscheinungsform

Tempus discendi tibi non est.
Du hast keine Zeit zu lernen.

Cupidus discendi es.
Du bist eifrig bemüht zu lernen (lernbegierig).

Liberi ad discendum conveniunt.
Die Kinder kommen zum Lernen zusammen.

Docendo discimus.
Durch Lehren lernen wir.

Der Genitiv des Gerundiums kommt nach bestimmten Substantiven (z.B. **tempus**, **spes**) und Adjektiven (z.B. **cupidus**) vor. Der Akkusativ steht nur nach der Präposition **ad**; der Dativ ist selten.

Tempus libros in bibliotheca legendi tibi est.
Du hast Zeit, die Bücher in der Bibliothek zu lesen.

Wie das Partizip weist auch das Gerundium Eigenschaften des Verbs auf und kann deshalb Objekte und adverbiale Bestimmungen bei sich haben. Ein erweitertes Gerundium ist als satzwertige Konstruktion aufzufassen.

b) Satzgliedfunktion

Das Gerundium kann verschiedene Satzgliedfunktionen wahrnehmen, z.B. steht es im Ablativ oder im Präpositionalausdruck als Adverbiale, im Genitiv als Attribut.

Liberi ad discendum conveniunt.

Tempus discendi tibi non est.

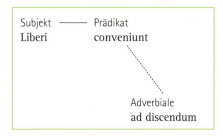
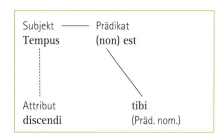

c) Übersetzungsmöglichkeiten

tempus libros legendi
Zeit, Bücher zu lesen
Zeit zum Lesen von Büchern

Das Gerundium kann mit einem Infinitiv oder einem Substantiv wiedergegeben werden.

ad discendum convenire
zum Lernen (*um zu* lernen) zusammenkommen

in scribendo multum discere
beim Schreiben viel lernen

Für die Übersetzung von nd-Formen nach Präpositionen gilt folgende Regel:

- ad und nd-Form: 'zu/zur/zum' und Substantiv
- in und nd-Form: 'bei/beim' und Substantiv

2 Verwendung des Gerundivums: attributiv

a) Erscheinungsform und Übersetzung

Das attributive Gerundivum kann in allen Kasus vorkommen und stimmt nach der KNG-Regel mit einem Bezugswort überein. Der Nominativ und der Dativ sind sehr selten.

Genitiv:	Mihi tempus libri legendi non est.
	Ich habe keine Zeit zum Lesen des Buches.
	Libri legendi cupidus sum.
	Ich bin neugierig darauf, das Buch zu lesen.
Akkusativ: (nach Präp.)	Hic locus ad librum legendum idoneus non est.
	Dieser Platz ist nicht geeignet, um ein Buch zu lesen.
Ablativ:	Libro legendo multa didici.
	Durch die Lektüre des Buches habe ich viel gelernt.
Ablativ: (nach Präp.)	In libro legendo iterum atque iterum ridebam.
	Bei der Lektüre des Buches lachte ich immer wieder.

Wie die Beispiele zeigen, ist eine wörtliche Übersetzung des Gerundivums im Allgemeinen nicht möglich. Bei der Wiedergabe im Deutschen verwendet man meistens Substantive oder Infinitivkonstruktionen.

Ein attributives Gerundivum im Nominativ, das ausdrückt, dass etwas geschehen soll, kann durch Adjektive auf '-wert' oder '-lich' wiedergegeben werden, z. B. **legendus** – lesenswert, **non ferendus** – unerträglich.

Bei der Wiedergabe der anderen Kasus wird oft die Gerundivform im Deutschen zu einem Substantiv, von dem dann das Bezugswort abhängt, z. B.

    libro legendo
durch die Lektüre des Buches

b) Das attributive Gerundivum als satzwertige Konstruktion

Librum legi: multa didici.	Librum legendo multa didici. (Gerundium)
	Libro legendo multa didici. (Gerundivum)
Ich habe das Buch gelesen.	Durch die Lektüre des Buches habe ich viel gelernt.
Ich habe (dadurch) viel gelernt.	

Man kann ein attributives Gerundivum mit Bezugswort ebenso wie das erweiterte Gerundium als eigenständigen Aussagesatz verstehen, der in einen anderen Satz „eingebettet" wurde.
Beide Konstruktionen haben die gleiche Bedeutung und können in gleicher Weise übersetzt werden.

c) Satzgliedfunktion

Das attributive Gerundivum mit Bezugswort kann in der deutschen Wiedergabe verschiedene Satzgliedfunktionen wahrnehmen, z. B. steht es im Genitiv als Attribut, im Ablativ oder Präpositionalausdruck als Adverbiale.

33

W

cīvitās	Bürgerrecht; Gemeinde, Staat	oppidum	Stadt
fidēs	Glaube, Treue, Vertrauen, Zuverlässigkeit	inter	unter, während; zwischen
gerere	ausführen, führen, tragen	tantus	so groß, so viel
ostendere	zeigen, darlegen	mox	bald, dann

ut *Subj. m. Konj.*	dass, sodass, damit	
nē *Subj. m. Konj.*	dass nicht, damit nicht; dass *(nach Ausdrücken des Fürchtens und Hinderns)*	
cum *Subj. m. Konj.*	als, nachdem; weil; obwohl; während (dagegen)	
contendere, contendō, contendī	eilen; sich anstrengen, kämpfen; behaupten	
adventus, adventūs *m*	Ankunft	*Advent, Abenteuer*
auxilium	Hilfe; *Pl.* Hilfstruppen	
cōnscrībere, cōnscrībō, cōnscrīpsī, cōnscrīptum	aufschreiben, verfassen	
mīlitēs cōnscrībere	Soldaten anwerben	
lībertās, lībertātis *f*	Freiheit	*e. liberty, f. liberté*
vīcus	Dorf, Gasse	
optāre, optō	wünschen	*Option, adoptieren*
amīcitia	Freundschaft	*f. amitié*
dēmōnstrāre, dēmōnstrō	beweisen, darlegen	*demonstrieren, Demonstrativpronomen, e. to demonstrate*
addūcere, addūcō, addūxī, adductum	heranführen, veranlassen	
referre, referō, rettulī, relātum	(zurück)bringen, berichten	*Referat, Referent, Relation, relativ*
plēbs, plēbis *f*	(nicht adeliges, einfaches) Volk	*Plebejer, Plebiszit, e. plebs*
facilis, e *(Adv. -e)*	leicht (zu tun)	*e./f. facile*
auctōritās, auctōritātis *f*	Ansehen, Einfluss, Macht	*Autorität, e. authority*
efficere, efficiō, effēcī, effectum	bewirken, herstellen	*effizient, Effekt, Koeffizient, e. efficient*
licentia	Freiheit, Willkür	*Lizenz, e./f. licence*
revocāre, revocō	zurückrufen	
adhūc *Adv.*	bis jetzt, noch	
timēre, nē	fürchten, dass	
novīs rēbus studēre	nach Umsturz streben	
castra, castrōrum *Pl.*	Lager	
quantus, a, um	wie groß, wie viel	*Quantität, Quantum*
poscere, poscō, poposcī	fordern, verlangen	
centum *indekl.*	hundert	*Zenti-meter, Pro-cent, e. century, f. cent*
obses, obsidis *m/f*	Geisel	

F Verben: Konjunktiv Präsens und Perfekt

a) Konjunktiv Präsens

Aktiv	ā-Konjugation	ē-Konjugation	ī-Konjugation	kons. Konjugation	
1. Pers.	voc-e-m	mone-a-m	audi-a-m	ag-a-m	capi-a-m
2. Pers.	voc-ē-s	mone-ā-s	audi-ā-s	ag-ā-s	capi-ā-s
Sg.	usw.	usw.	usw.	usw.	usw.
Passiv					
1. Pers.	voc-e-r	mone-a-r	audi-a-r	ag-a-r	capi-a-r
2. Pers.	voc-ē-ris	mone-ā-ris	audi-ā-ris	ag-ā-ris	capi-ā-ris
Sg.	usw.	usw.	usw.	usw.	usw.

Zeichen für den Konjunktiv Präsens ist `-a-`, bei der a-Konjugation jedoch `-e-`.
Die Formen des Konjunktiv Präsens der **Deponentien** entsprechen denen des Passivs (z.B. opin `-e` -r).

Besonders zu beachten sind:

Konj. Präs. Akt.			Infinitiv
eam, eās	usw.	zu	īre
sim, sīs	usw.	zu	esse
possim, possīs	usw.	zu	posse
velim, velīs	usw.	zu	velle
nōlim, nōlīs	usw.	zu	nōlle
feram, ferās	usw.	zu	ferre

Vollständige Tabellen befinden sich im Tabellarium, S. 130 ff., und S. 120 f.

Eine allgemeingültige deutsche Übersetzung für die Formen des lateinischen Konjunktiv Präsens kann nicht angegeben werden. In Hauptsätzen kann er manchmal mit 'mögen' umschrieben werden (z.B. **capias**: du mögest ergreifen).

b) Konjunktiv Perfekt

	Aktiv	Passiv
1. Pers.	vocāv-**eri**-m	vocā-tus, a, um sim
2. Pers.	vocāv-**eri**-s	vocā-tus, a, um sīs
Sg.	usw.	usw.

Die Formen des Konjunktiv Perfekt werden in allen Konjugationen gleich gebildet.
Die Formen des Konjunktiv Perfekt der **Deponentien** entsprechen denen des Passivs
(z.B. opinatus, a, um sim).

Zeichen des Konjunktiv Perfekt Aktiv ist `-eri-`, das an den Perfektstamm angefügt wird.
Im Passiv steht nach der PPP-Form eine Form des Konjunktiv Präsens von **esse**.

Eine allgemeingültige deutsche Übersetzung für die Formen des lateinischen Konjunktiv Perfekt anzugeben ist nicht möglich.

Die Formen von **esse** lauten: fuerim, fueris usw.
Die Formen von **ire** lauten: ierim, ieris usw.

Vollständige Tabellen befinden sich im Tabellarium, S. 132 f.

1 Gliedsätze als Objekt: Begehrsätze, indirekte Fragesätze

a) Te oro, ut mihi consilium des. Te oro, ne abeas.
Ich bitte dich, dass du mir einen Rat gibst. Ich bitte dich, dass du nicht weggehst.
Ich bitte dich, mir einen Rat zu geben. Ich bitte dich, nicht wegzugehen.

Abhängige **Begehrsätze** enthalten Wünsche und Aufforderungen.
Bei der Wiedergabe im Deutschen wird der Indikativ oder der Infinitiv mit 'zu' verwendet.

Timeo, ne abeas.
Ich fürchte, dass du weggehst.

Nach Verben und Ausdrücken des Fürchtens (z.B. **timere, periculum est**) heißt **ne** (m. Konj.) 'dass'.

b) In **indirekten Fragesätzen** steht im Lateinischen immer der Konjunktiv, im Deutschen meist der Indikativ.

- Wortfragen

Nescio, *quid* feceris. Nescio, *cur* discedas.
Ich weiß nicht, *was* du getan hast. Ich weiß nicht, *warum* du weggehst.

Indirekte Wortfragen werden – wie direkte Wortfragen – mit Interrogativpronomina oder Adverbien eingeleitet.

- Satzfragen

Te interrogo, *num* lingua Latina tibi placeat. Quaero, hoc*ne* verum sit.
Ich frage dich, *ob* dir die lateinische Sprache gefällt. Ich frage, *ob* dies wahr (richtig) ist.

Indirekte Satzfragen werden mit **num** oder **-ne** eingeleitet, die beide mit 'ob' oder 'ob nicht' übersetzt werden können.

- Wahlfragen

Dubito, *utrum* haec vox vera *an* falsa sit.
Ich zweifle, *ob* diese Äußerung richtig *oder* falsch ist.

Indirekte Wahlfragen werden mit utrum ... an / -ne ... an / an 'ob ... oder' formuliert.

2 Gliedsätze als Adverbiale: Konsekutivsätze, Finalsätze

a) *Tantus* erat timor, *ut* omnes fugerent.
Die Angst war *so groß, dass* alle flohen.

Tantus erat timor, *ut* milites imperatori *non* parerent.
Die Angst war *so groß, dass* die Soldaten dem Feldherrn **nicht** gehorchten.

Die Subjunktion **ut** kann **konsekutive** Gliedsätze (Folgesätze) einleiten. Konsekutivsätze werden mit **non** verneint. Auf ein konsekutives ut weist im übergeordneten Satz meistens ein „Signalwort" wie ita, tantus o. Ä. hin. Der lateinische Konjunktiv wird mit deutschem Indikativ wiedergegeben.

b) Omnes fugiebant, *ut* se servarent. Omnes fugiebant, *ne* perirent.
Alle flohen, *um* sich zu retten Alle flohen, *um nicht* umzukommen.
(*damit* sie sich retteten).

Die Subjunktion **ut** kann auch **finale** Gliedsätze (Absichtssätze) einleiten.
Verneinte Finalsätze werden mit **ne** eingeleitet.
Im Deutschen wird der Finalsatz eingeleitet durch: 'dass (nicht)', 'damit (nicht)', 'um (nicht) zu'.

Der lateinische Konjunktiv wird im Deutschen mit Indikativ (oder Infinitiv) wiedergegeben.

extra 3 Gliedsätze als Adverbiale: Übersicht

Die meisten lateinischen Gliedsätze haben die Satzgliedfunktion des Adverbiales. Die Subjunktionen drücken die adverbiale Sinnrichtung des jeweiligen Gliedsatzes aus. Ob der lateinische Gliedsatz im Indikativ oder Konjunktiv steht, ist durch die Subjunktion (und ggf. durch die Sinnrichtung) festgelegt. Die folgende Übersicht enthält – gegliedert nach den Sinnrichtungen – die bisher bekannten Subjunktionen:

a) Temporalsätze

Indikativische Temporalsätze Konjunktivische Temporalsätze
werden eingeleitet mit: werden eingeleitet mit:

cum	(zu der Zeit) als; (immer) wenn; als (plötzlich)		cum	als, nachdem
			dum	(so lange) bis
postquam (Ind. Perf.)	nachdem			
ubi (Ind. Perf.)	sobald			
dum (Ind. Präs.)	während			
dum	solange; (so lange) bis			

b) Kausalsätze

Indikativische Kausalsätze Konjunktivische Kausalsätze
werden eingeleitet mit: werden eingeleitet mit:

quod/quia	weil		cum	weil

c) Konditionalsätze

Konditionalsätze stehen im **Indikativ**
und werden eingeleitet mit:

| si | wenn, falls (franz. *si*, engl. *if*) |

d) Konsekutivsätze

Konsekutivsätze stehen im **Konjunktiv**
und werden eingeleitet mit:

| ut | dass |
| ut non | dass nicht |

e) Finalsätze

Finalsätze stehen im **Konjunktiv**
und werden eingeleitet mit:

| ut | dass, damit, um zu |
| ne | dass ... nicht, damit ... nicht, um ... nicht zu |

f) Konzessivsätze

Indikativische Konzessivsätze
werden eingeleitet mit:

| quamquam | obwohl |
| etsi | auch wenn, obwohl |

Konjunktivische Konzessivsätze
werden eingeleitet mit:

| cum | obwohl |

Kulturwörter

| libertas | f. liberté | i. libertà | s. libertad |
| princeps | f. prince | i. principe | s. príncipe |

W

cum	(immer) wenn, als (plötzlich), (zu der Zeit) als	incendere	entflammen, in Brand stecken
		aut ... aut	entweder ... oder
placet	es gefällt jmd., jmd. beschließt	incolumis	unverletzt, wohlbehalten
proelium	Kampf, Schlacht	suprā	darüber hinaus, oben

petere, petō, petīvī, **petītum**	(auf)suchen, (er)streben, bitten, verlangen	
vidēre, videō, vīdī, **vīsum**	sehen, darauf achten	
utinam	hoffentlich, wenn doch!	
nē *im Hauptsatz*	nicht *(verneinter Befehl oder Wunsch)*	
futūrus, a, um	zukünftig, kommend	*Futur, e./f. future*
rēs futūrae	Zukunft	
spērāre, spērō	erwarten, hoffen	*f. espérer*
secundus, a, um	der zweite, günstig	*Sekunde, e. second*
rēs secundae	Glück	
prōvidēre, prōvideō, prōvidī, prōvīsum *m. Akk.*	vorhersehen	
haud	nicht	
īre, eō, iī, **itum**	gehen	
exitus, exitūs *m*	Ausgang, Ende	*Exitus, e. exit*
requīrere, requīrō, requīsīvī, requīsītum	aufsuchen, sich erkundigen, verlangen	*Requisiten, requirieren, e. to require*
excēdere, excēdō, excessī, **excessum**	hinausgehen, weggehen	
redīre, redeō, rediī, **reditum**	zurückgehen, zurückkehren	
posterus, a, um	folgend	
obicere, obiciō, obiēcī, obiectum	darbieten, vorwerfen	*Objekt, objektiv, e. to object*
sē alicui obicere	sich jmd. entgegenwerfen, sich auf jmd. stürzen	
cōnsulere, cōnsulō, cōnsuluī, **consultum**	*m. Akk.* befragen; *m. Dat.* sorgen für	
	dē m. Abl. beraten über	
	in m. Akk. Maßnahmen ergreifen gegen	
gerere, gerō, gessī, **gestum**	ausführen, führen, tragen	
rem bene gerere	etwas gut durchführen, Erfolg haben	
praedicāre, praedicō	behaupten	*Prädikat, predigen*
multō *Adv.*	(um) viel	
commemorāre, commemorō *m. Akk.*	etwas erwähnen, anführen	
dūrus, a, um	hart	*Dur, dauern, f. dur*
turris, turris *f* (Abl. Sg. -ī; Gen. Pl. -ium)	Turm	*e. tower, f. tour*
auxilium petere	um Hilfe bitten	
cella	Kammer, Keller, Tempel(raum)	*Zelle, e. cell*
bonō animō esse	guten Mutes sein, zuversichtlich sein	
oblīvīscī, oblīvīscor, oblītus sum	vergessen	
movēre, moveō, mōvī, **mōtum**	bewegen	

F

1 Partizip Futur Aktiv (PFA)

vocā-tūrus   einer, der rufen wird/will

Beim Partizip Futur Aktiv tritt **-tūrus, a, um** an den gleichen Wortstamm, mit dem auch das PPP gebildet wird (vgl. 21 F 1 a und b).
Der Stamm oder die Fugenstelle können lautlich verändert werden, z.B.

moni-tūrus	einer, der mahnen wird/will
vic-tūrus	einer, der siegen wird/will
conscrip-tūrus	einer, der aufschreiben wird/will

PFA zu esse:
fu-tūrus   einer, der sein wird/will

2 Infinitiv Futur Aktiv

vocātūrum, am, um, ōs, ās, a esse	rufen werden
victūrum, am, um, ōs, ās, a esse	siegen werden
futūrum, am, um, ōs, ās, a esse	sein werden

Der Infinitiv Futur wird aus einer Akkusativform des Partizip Futur und **esse** gebildet.

S

1 Verwendung des Partizip Futur Aktiv

a) Das Partizip Futur Aktiv als Participium coniunctum

Homines triumphum spectaturi venerunt.
Die Menschen, die den Triumphzug ansehen wollten, kamen.

Wie das PPP und das Partizip Präsens Aktiv (vgl. 21 S 1 a und 23 S 1 a) steht auch das Partizip Futur (hier: **spectaturi**) als Participium coniunctum in Kongruenz zu einem Bezugswort (hier: **homines**).

Auch die Partizipialkonstruktion mit einem Partizip Futur ist eine satzwertige Konstruktion.
Von einem Partizip Futur können Adverbialien und Objekte (hier: **triumphum**) abhängen.

b) Satzgliedfunktion

Wie die anderen Partizipien kann das Partizip Futur als Attribut oder Adverbiale aufgefasst werden.
Das Partizip Futur tritt jedoch auch zusammen mit einer Form von **esse** als Prädikat auf.
Entsprechend der Satzgliedfunktion gibt es unterschiedliche Möglichkeiten, das Partizip Futur im Deutschen wiederzugeben.

c) Übersetzungsmöglichkeiten

Homines triumphum spectaturi venerunt.

Als Attribut
➤ mit Relativsatz: Die Menschen, die den Triumphzug ansehen *wollten*, kamen.

Als Adverbiale
- mit Adverbialsatz: Die Menschen kamen, *weil* sie den Triumphzug ansehen *wollten*.
- mit 'um ... zu' + Inf.: Die Menschen kamen, *um* den Triumphzug *anzusehen*.

Homines triumphum spectaturi erant.

Als Prädikatsnomen
- mit 'wollen' + Inf.: Die Menschen *wollten* den Triumphzug *ansehen*.

Da das Partizip Futur eine Absicht ausdrückt, wird es im Deutschen meist mit einer Form von 'wollen' wiedergegeben.

Das Partizip Futur bei Formen von **esse** dient der Umschreibung des Futurs; es bezeichnet wie das englische *'to be going to'* eine in nächster Zukunft beabsichtigte Handlung.

d) Zeitverhältnis

Die Formen des **Partizip Futur** zeigen an, dass das im Participium coniunctum ausgedrückte Geschehen nach dem des Prädikats stattfinden wird (soll); sie bezeichnen also die **Nachzeitigkeit (Partizip der Nachzeitigkeit)**.

2 Verwendung des Infinitiv Futur Aktiv

Imperatorem hostes victurum (esse) omnes putabant.
Alle glaubten, dass der Feldherr die Feinde besiegen werde.

Der **Infinitiv Futur** tritt nur im AcI auf; er drückt aus, dass das Geschehen des AcI nach dem des Prädikats stattfinden wird (soll); er bezeichnet also ebenfalls die **Nachzeitigkeit (Infinitiv der Nachzeitigkeit)**. Der Infinitiv **esse** kann dabei entfallen.

3 Konjunktiv im Hauptsatz: Hortativ, Jussiv, Optativ, Prohibitiv

Der Konjunktiv im Hauptsatz kennzeichnet allgemein den Inhalt eines Satzes als möglich, gewünscht oder nicht wirklich.
Die folgenden Konjunktive drücken **Aufforderungen** und **Wünsche** aus.

a) Hortativ

Eamus!   Gaudeamus!
Lasst uns gehen!   Freuen wir uns!

Der Konjunktiv Präsens der 1. Pers. Pl. stellt eine Aufforderung dar, die der Sprecher an sich und andere richtet.

b) Jussiv

Mater paucis verbis respondeat!
Die Mutter soll mit wenigen Worten antworten.

Der Konjunktiv Präsens der 3. Pers. drückt eine Aufforderung an Dritte aus.

c) Optativ

(Utinam) ea res tibi usui sit!   (Utinam) ea res tibi usui fuerit!
Möge dir diese Sache nützen!   Hoffentlich hat dir dies genützt!
Hoffentlich nützt dir dies!

Der Konjunktiv Präsens (für die Gegenwart) und der Konjunktiv Perfekt (für die Vergangenheit) drücken Wünsche aus, deren Erfüllung der Sprecher für möglich hält. Sie können mit **utinam** (oder **velim**) eingeleitet werden.

Utinam ea res tibi usui esset!   Utinam ea res tibi usui fuisset!
(O,) wenn dir dies doch nützen würde!   (O,) wenn dir dies doch genützt hätte!

Der Konjunktiv Imperfekt (für die Gegenwart) und der Konjunktiv Plusquamperfekt (für die Vergangenheit) drücken Wünsche aus, deren Erfüllung der Sprecher nicht für möglich hält. Sie werden meist mit **utinam** (oder **vellem**) eingeleitet.

Utinam ne amicum rideas!   Utinam ne amicum risisses!
Mögest du meinen Freund nicht auslachen!   (O,) wenn du doch meinen Freund nicht
Lach bitte meinen Freund nicht aus!   ausgelacht hättest!

Der Optativ wird mit **ne** verneint.

d) Prohibitiv

Ne clamaveris!   Schreie nicht!   (Noli clamare!)
Ne clamaveritis!   Schreit nicht!   (Nolite clamare!)

Ne mit folgendem Konjunktiv Perfekt drückt ein Verbot bzw. einen verneinten Befehl (Prohibitiv) in der Gegenwart (!) aus. Diese Konstruktion ist bedeutungsgleich mit **noli** bzw. **nolite** mit Infinitiv.

Übersicht: Verben (Konjunktiv im Aktiv und Passiv)

Aktiv

	ā-Konjugation		ē-Konjugation		ī-Konjugation	
	Sg.	Pl.	Sg.	Pl.	Sg.	Pl.

Präsens

	Sg.	Pl.	Sg.	Pl.	Sg.	Pl.
1. Pers.	voce-m	vocē-mus	mone-a-m	mone-ā-mus	audi-a-m	audi-ā-mus
2. Pers.	vocē-s	vocē-tis	mone-ā-s	mone-ā-tis	audi-ā-s	audi-ā-tis
3. Pers.	voce-t	voce-nt	mone-a-t	mone-a-nt	audi-a-t	audi-a-nt

Imperfekt

	Sg.	Pl.	Sg.	Pl.	Sg.	Pl.
1. Pers.	vocā-re-m	vocā-rē-mus	monē-re-m	monē-rē-mus	audī-re-m	audī-rē-mus
2. Pers.	vocā-rē-s	vocā-rē-tis	monē-rē-s	monē-rē-tis	audī-rē-s	audī-rē-tis
3. Pers.	vocā-re-t	vocā-re-nt	monē-re-t	monē-re-nt	audī-re-t	audī-re-nt

Perfekt

	Sg.	Pl.
1. Pers.	vocāv-erim	vocāv-erimus
2. Pers.	vocāv-eris	vocāv-eritis
3. Pers.	vocāv-erit	vocāv-erint

Plusquamperfekt

	Sg.	Pl.
1. Pers.	vocāv-issem	vocāv-issēmus
2. Pers.	vocāv-issēs	vocāv-issētis
3. Pers.	vocāv-isset	vocāv-issent

Passiv

	ā-Konjugation		ē-Konjugation		ī-Konjugation	

Präsens

	Sg.	Pl.	Sg.	Pl.	Sg.	Pl.
1. Pers.	voce-r	vocē-mur	mone-a-r	mone-ā-mur	audi-a-r	audi-ā-mur
2. Pers.	vocē-ris	vocē-minī	mone-ā-ris	mone-ā-minī	audi-ā-ris	audi-ā-minī
3. Pers.	vocē-tur	voce-ntur	mone-ā-tur	mone-a-ntur	audi-ā-tur	audi-a-ntur

Imperfekt

	Sg.	Pl.	Sg.	Pl.	Sg.	Pl.
1. Pers.	vocā-re-r	vocā-rē-mur	monē-re-r	monē-rē-mur	audī-re-r	audī-rē-mur
2. Pers.	vocā-rē-ris	vocā-rē-minī	monē-rē-ris	monē-rē-minī	audī-rē-ris	audī-rē-minī
3. Pers.	vocā-rē-tur	vocā-re-ntur	monē-rē-tur	monē-re-ntur	audī-rē-tur	audī-re-ntur

Perfekt

	Sg.	Pl.
1. Pers.	vocā-tus sim	vocā-tī sīmus
2. Pers.	vocā-tus sīs	vocā-tī sītis
3. Pers.	vocā-tus sit	vocā-tī sint

Plusquamperfekt

	Sg.	Pl.
1. Pers.	vocā-tus essem	vocā-tī essēmus
2. Pers.	vocā-tus essēs	vocā-tī essētis
3. Pers.	vocā-tus esset	vocā-tī essent

Übersicht: Verben (Konjunktiv im Aktiv und Passiv)

konsonantische Konjugation   Hilfsverb

Sg.	Pl.	Sg.	Pl.	Sg.	Pl.
ag-a-m	ag-ā-mus	capi-a-m	capi-ā-mus	s-i-m	s-ī-mus
ag-ā-s	ag-ā-tis	capi-ā-s	capi-ā-tis	s-ī-s	s-ī-tis
ag-a-t	ag-a-nt	capi-a-t	capi-a-nt	s-i-t	s-i-nt

Sg.	Pl.	Sg.	Pl.	Sg.	Pl.
ag-e-re-m	ag-e-rē-mus	cape-re-m	cape-rē-mus	es-se-m	es-sē-mus
ag-e-rē-s	ag-e-rē-tis	cape-rē-s	cape-rē-tis	es-sē-s	es-sē-tis
ag-e-re-t	ag-e-re-nt	cape-re-t	cape-re-nt	es-se-t	es-se-nt

Sg.	Pl.
fu-erim	fu-erimus
fu-eris	fu-eritis
fu-erit	fu-erint

Sg.	Pl.
fu-issem	fu-issēmus
fu-issēs	fu-issētis
fu-isset	fu-issent

konsonantische Konjugation

Sg.	Pl.	Sg.	Pl.
ag-a-r	ag-ā-mur	capi-a-r	capi-ā-mur
ag-ā-ris	ag-ā-minī	capi-ā-ris	capi-ā-minī
ag-ā-tur	ag-a-ntur	capi-ā-tur	capi-a-ntur

Sg.	Pl.	Sg.	Pl.
ag-e-re-r	ag-e-rē-mur	cápe-re-r	cape-rē-mur
ag-e-rē-ris	ag-e-rē-minī	cape-rē-ris	cape-rē-minī
ag-e-rē-tur	ag-e-re-ntur	cape-rē-tur	cape-re-ntur

W

quisnam	wer denn	prīnceps	der Erste, der führende Mann
voluntās	Absicht, Wille, Zustimmung	oportet	es ist nötig, es gehört sich
palam	bekannt, in aller Öffentlichkeit	contingere	berühren; gelingen
impius	gottlos, gewissenlos	sanguis	Blut

fierī, fīō, factus sum	gemacht werden; geschehen, werden	
opus, operis n	Arbeit, Werk	Opus
prīmum Adv.	zuerst	
prōspicere, prōspiciō, prōspexī, prōspectum	schauen auf, sehen	Prospekt, prospektiv
proinde Adv.	also, daher	
num im ind. Fragesatz	ob	
placidus, a, um	friedlich, ruhig, sanft	e. placid, f. placide
beātus, a, um	glücklich, reich	Beate
iūstus, a, um	gerecht	Justiz, e. just, f. juste
sānctus, a, um	ehrwürdig, heilig	Sanctus, St. (Sankt), e./f. saint
hortārī, hortor	auffordern, ermahnen	
nam(que)	denn, nämlich	
ūniversus, a, um	gesamt; Pl. alle (zusammen)	universal, Universum, Universität
contrā Adv.	dagegen, gegenüber	
frūctus, frūctūs m	Ertrag, Frucht, Nutzen	Frutti di mare, Fructose, e./f. fruit
opprimere, opprimō, oppressī, oppressum	bedrohen, niederwerfen, unterdrücken	e. to oppress, f. opprimer
dēdere, dēdō, dēdidī, dēditum	ausliefern, übergeben	
vāstus, a, um	riesig; öde, verwüstet	e. vaste/vast, f. vaste
vidērī, videor, vīsus sum	scheinen, gelten (als)	
umquam Adv.	jemals	
ōdisse, ōdī Perf.	hassen	
fēlīx, fēlīcis	erfolgreich, glückbringend, glücklich	Felix, Felicitas, Felicia
potius	eher, lieber	
potissimum Adv.	hauptsächlich, vornehmlich, gerade	
fingere, fingō, fīnxī, fictum	gestalten, sich (etwas) ausdenken	fingieren, Fiktion, fiktiv
ratiō, ratiōnis f	Grund, Vernunft, Überlegung; Berechnung; Art und Weise	Ration, rational, e. reason, f. raison
eā ratiōne, ut	in der Absicht, dass	
prōpōnere, prōpōnō, prōposuī, prōpositum	darlegen, in Aussicht stellen	e. to propose, f. proposer
incommodum	Unbequemlichkeit, Nachteil	
commodum	Bequemlichkeit, Vorteil	Kommode
parere, pariō, peperī, partum	zur Welt bringen; schaffen	
victōriam parere dē m. Abl.	einen Sieg (über jmd.) davontragen	
factum	Handlung, Tat, Tatsache	Faktum, faktisch, e. fact

F extra
Verben: fieri

fierī   werden, geschehen; entstehen

		Präsens Sg.	Pl.	Imperfekt Sg.	Futur Sg.
Indikativ	1. Pers.	fī-ō	fī-mus	fī-ēba-m	fī-a-m
	2. Pers.	fī-s	fī-tis		fī-ē-s
	3. Pers.	fī-t	fī-u-nt	usw.	usw.
Konjunktiv	1. Pers.	fī-a-m		fī-ere-m	
	2. Pers.	fī-ā-s usw.		usw.	

Die Formen des Präsensstammes entsprechen im Allgemeinen denen der ī-Konjugation.

S extra
1 Verwendung von fieri

a) Etiam in provinciis multa monumenta fiebant (facta sunt).
   Auch in den Provinzen wurden viele Denkmäler geschaffen.

Fieri vertritt im Präsensstamm auch das fehlende Passiv von **facere**.
Die Formen des Perfektstammes werden daher mit dem PPP von **facere** (factus, a, um) gebildet.

b) Ita factum est, ut etiam in Gallia monumenta fierent.
   So geschah es, dass auch in Gallien Denkmäler geschaffen wurden.

Nach unpersönlichen Formen von **fieri**, wie

fit	es geschieht,
factum est	es geschah,
fieri potest	es kann geschehen,

leitet **ut** (mit Konj.) einen Gliedsatz ein, der über das Geschehen informiert.

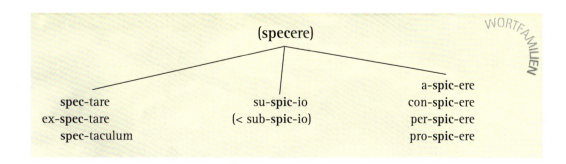

2 Verwendung des Gerundivums: prädikativ

a) Erscheinungsform und Übersetzung

Hic *liber legendus* est.
Dieses Buch *muss* gelesen werden (ist zu lesen).

Hi *libri legendi* non sunt.
Diese Bücher *dürfen nicht* gelesen werden.

Das prädikative Gerundivum bezeichnet eine Handlung, die ausgeführt werden muss/soll bzw. nicht ausgeführt werden darf. nd-Formen transitiver Verben stehen dabei mit ihrem Bezugswort in KNG-Kongruenz, d.h. sie werden „persönlich" konstruiert.

Parend*um* est.
(*Es* muss gehorcht werden.)
Man muss gehorchen.

Voluntati deorum parend*um* est.
(Dem Willen der Götter muss gehorcht werden.)
Man muss dem Willen der Götter gehorchen.

Wird das Gerundivum ohne ein Bezugswort verwendet, so steht es im Neutrum Singular, d.h. es wird „unpersönlich" konstruiert.
Eine Ergänzung steht in dem Kasus, den das Verb auch sonst erfordert (hier: Dativ nach **parēre**).

b) Dativus auctoris

Hic liber *tibi* legendus est.
Dieses Buch muss *von dir* gelesen werden.
Du musst dieses Buch lesen.

Die Person, von der die Handlung ausgeführt werden muss/soll, steht im Dativus auctoris (Dativ des Urhebers).

c) Satzgliedfunktion

Hic liber *legendus est*.
Dieses Buch muss gelesen werden.

Librum tibi *legendum* do.
Ich gebe dir das Buch zum Lesen.

Bei Formen von esse steht das Gerundivum als Prädikatsnomen.
Bei manchen Verben (vor allem: übergeben, überlassen, schicken, übernehmen) steht das Gerundivum auch als Prädikativum; es drückt den Zweck der Handlung aus ('zum, zur, zu' ...).

d) Gerundivum im AcI

Omnes putant liberos docendos esse.
Alle glauben, dass Kinder unterrichtet werden müssen (man Kinder unterrichten muss).

Scimus iniuriae resistendum esse.
Wir wissen, dass man sich dem Unrecht widersetzen muss.

Das prädikative Gerundiv tritt häufig im AcI auf; auch dabei kann es persönlich oder unpersönlich konstruiert werden.

Übersicht: Satzglieder und Füllungsarten

Nun hast du neben vielen Wörtern und Formen auch die wichtigsten syntaktischen Erscheinungen kennengelernt, die für die lateinische Sprache charakteristisch sind, nämlich den AcI, die Partizipialkonstruktionen und die **nd**-Formen.

Denken wir jetzt noch einmal an die Satzmodelle zurück, die immer wieder vorkamen, um die Struktur eines Satzes anhand der Satzglieder zu verdeutlichen.

Zuerst befassen wir uns mit der **Bedeutung des Prädikats**.

Das Prädikat ist Dreh- und Angelpunkt eines jeden Satzes. Es legt fest, welche weiteren Glieder in einem Satz vorkommen.

Manchmal ist ein Satz bereits vollständig, wenn er nur aus Prädikat und Subjekt besteht, z. B.:

Amicus ridet.   Der Freund lacht.

Im Lateinischen kann das Subjekt sogar im Prädikat enthalten sein, z. B.:

Ridet.   Er/sie lacht.

Viele Verben erfordern jedoch ein Objekt, z. B. **laudare**:

Mater puellam laudat.   Die Mutter lobt das Mädchen.

Bei manchen Verben müssen sogar zwei Objekte stehen, z. B. bei **mandare**:

Mater amicae filium mandat.   Die Mutter vertraut der Freundin ihren Sohn an.

Das Verb legt also fest, wie viele und welche Ergänzungen stehen; diese Eigenschaft des Verbs nennt man **Valenz** (valere!).

In welchem Verhältnis stehen nun die anderen Satzglieder zum Prädikat?

Subjekt und Prädikat stehen in **Kongruenz** zueinander, was im Satzmodell durch einen waagerechten Strich deutlich gemacht wird.

Objekte und Adverbialien hängen vom Prädikat ab. Dieses Abhängigkeitsverhältnis nennt man **Dependenz** (de-pendere!); es wird im Satzmodell mit Strichen dargestellt, die vom Prädikat schräg nach unten gehen.

Mit gestrichelten Linien werden das Adverbiale und das Attribut angebunden, die man auch weglassen könnte; sie sind für die Vollständigkeit eines Satzes nicht erforderlich. Adverbialien hängen vom Prädikat ab; Attribute treten als Satzgliedteile zu einem Nomen.

Wir kennen mittlerweile auch verschiedene Möglichkeiten, wie die einzelnen Satzglieder ausgedrückt oder „gefüllt" werden können.

Hier folgt nun eine Übersicht über wichtige **Füllungsarten**, die du schon kennst:

Übersicht: Satzglieder und Füllungsarten

Subjekt
- Nomen im Nom. (Substantiv, Pronomen)
- Infinitiv, AcI
- Relativsatz im Ind.

Prädikat
- Vollverb
- Vollverb mit Prädikativum
- esse mit Prädikatsnomen (als Substantiv, Adjektiv oder Gerundivum)

Objekt
- Nomen (im Gen., Dat., Akk. oder Abl.)
- Präpositionalausdruck
- Infinitiv, AcI
- Relativsatz im Ind.
- Gliedsatz (Begehrsatz)

Adverbiale
- Adverb
- Substantiv (im Gen., Akk., Abl.)
- Präpositionalausdruck
- **nd**-Formen (im Abl., nach Präp.)
- Ablativus absolutus
- Participium coniunctum
- Prädikativum
- Gliedsatz (Adverbialsatz)

Attribut
- Nomen im Genitiv
- Nomen (in Kongruenz)
- Participium coniunctum
- **nd**-Formen (im Gen.)
- Relativsatz

Abkürzungsverzeichnis / Tabellarium

Abl.	Ablativ	indekl.	indeklinabel	Plusqpf.	Plusquamperfekt
Abl. abs.	Ablativus absolutus	Ind.	Indikativ	PPA	Partizip Präsens Aktiv
AcI	Akkusativ mit Infinitiv	Inf.	Infinitiv		
		jmd.	jemand(en/em)	PPP	Partizip Perfekt Passiv
Adj.	Adjektiv	intrans.	intransitiv		
Adv.	Adverb	Jh.	Jahrhundert	Präd. nom.	Prädikatsnomen
Akk.	Akkusativ	Komp.	Komparativ	Präp.	Präposition
Akt.	Aktiv	Konj.	Konjunktiv	Präs.	Präsens
Dat.	Dativ	Konjug.	Konjugation	Pron.	Pronomen
Dekl.	Deklination	kons.	konsonantisch	röm.	römisch
dir.	direkt	lat.	lateinisch	s.	spanisch
dopp.	doppelt(er)	*m*	maskulin	Sg.	Singular
dt.	deutsch	m.	mit	Subj.	Subjunktion
e.	englisch	Nom.	Nominativ	Subst.	Substantiv
f	feminin	örtl.	örtlich	Sup.	Superlativ
f.	französisch	*n*	neutrum	trans.	transitiv
Fut.	Futur	Part.	Partizip	vgl.	vergleiche
Fw.	Fremdwort	Pass.	Passiv	Vok.	Vokativ
Gen.	Genitiv	Perf.	Perfekt	wörtl.	wörtlich
griech.	Griechisch	Pers.	Person	zeitl.	zeitlich
i.	italienisch	PFA	Partizip Futur Aktiv		
Imp.	Imperativ				
Impf.	Imperfekt	Pl.	Plural		

Substantive.. 128

Adjektive, Pronomina 129

Verben: Präsensstamm Aktiv... 130

    Präsensstamm Passiv... 131

Verben: Perfektstamm.. 132

Hilfsverb (esse)... 133

Andere Verben: ire 133

   ferre, fieri, velle.. 134

Grund- und Ordnungszahlen 135

Substantive

a-Deklination

	Sg.	Pl.
Nom.	domin-a	domin-ae
Gen.	domin-ae	domin-ārum
Dat.	domin-ae	domin-īs
Akk.	domin-am	domin-ās
Abl.	domin-ā	domin-īs

o-Deklination

	Sg.	Pl.		Sg.	Pl.
Nom.	domin-us	domin-ī	Nom.	templ-um	templ-a
Gen.	domin-ī	domin-ōrum	Gen.	templ-ī	templ-ōrum
Dat.	domin-ō	domin-īs	Dat.	templ-ō	templ-īs
Akk.	domin-um	domin-ōs	Akk.	templ-um	templ-a
Abl.	domin-ō	domin-īs	Abl.	templ-ō	templ-īs

3. Deklination (Mischdeklination)

	Sg.	Pl.		Sg.	Pl.
Nom.	senātor	senātōr-ēs	Nom.	corpus	corpor-a
Gen.	senātōr-is	senātōr-um	Gen.	corpor-is	corpor-um
Dat.	senātōr-ī	senātōr-ibus	Dat.	corpor-ī	corpor-ibus
Akk.	senātōr-em	senātōr-ēs	Akk.	corpus	corpor-a
Abl.	senātōr-e	senātōr-ibus	Abl.	corpor-e	corpor-ibus

u-Deklination

	Sg.	Pl.
Nom.	mōt-us	mōt-ūs
Gen.	mōt-ūs	mōt-uum
Dat.	mōt-uī	mōt-ibus
Akk.	mōt-um	mōt-ūs
Abl.	mōt-ū	mōt-ibus

e-Deklination

	Sg.	Pl.
Nom.	rēs	rēs
Gen.	rĕī	rērum
Dat.	rĕī	rēbus
Akk.	rem	rēs
Abl.	rē	rēbus

Tabellarium

Adjektive

	Sg.			Pl.		
	m	f	n	m	f	n
Nom.	long-us	long-a	long-um	long-ī	long-ae	long-a
Gen.	long-ī	long-ae	long-ī	long-ōrum	long-ārum	long-ōrum
Dat.	long-ō	long-ae	long-ō	long-īs	long-īs	long-īs
Akk.	long-um	long-am	long-um	long-ōs	long-ās	long-a
Abl.	long-ō	long-ā	long-ō	long-īs	long-īs	long-īs

	m	f	n	m	f	n
Nom.	ācer	ācr-is	ācr-e	ācr-ēs	ācr-ēs	ācr-ia
Gen.		ācr-is			ācr-ium	
Dat.		ācr-ī			ācr-ibus	
Akk.	ācr-em	ācr-em	ācr-e	ācr-ēs	ācr-ēs	ācr-ia
Abl.		ācr-ī			ācr-ibus	

	m	f	n	m	f	n
Nom.	trīst-is		trīst-e	trīst-ēs		trīst-ia
Gen.		trīst-is			trīst-ium	
Dat.		trīst-ī			trīst-ibus	
Akk.	trīst-em		trīst-e	trīst-ēs		trīst-ia
Abl.		trīst-ī			trīst-ibus	

	m	f	n	m	f	n
Nom.	fēlīx		fēlīx	fēlīc-ēs		fēlīc-ia
Gen.		fēlīc-is			fēlīc-ium	
Dat.		fēlīc-ī			fēlīc-ibus	
Akk.	fēlīc-em		fēlīx	fēlīc-ēs		fēlīc-ia
Abl.		fēlīc-ī			fēlīc-ibus	

Komparativ

	m	f	n	m	f	n
Nom.	long-ior	long-ior	long-ius	long-iōr-ēs	long-iōr-ēs	long-iōr-a
Gen.		long-iōr-is			long-iōr-um	
Dat.		long-iōr-ī			long-iōr-ibus	
Akk.	long-iōr-em	long-iōr-em	long-ius	long-iōr-ēs	long-iōr-ēs	long-iōr-a
Abl.		long-iōr-e			long-iōr-ibus	

Pronomina

	m	f	n	m	f	n
Nom.	quī	quae	quod	quī	quae	quae
Gen.		cuius		quōrum	quārum	quōrum
Dat.		cui			quibus	
Akk.	quem	quam	quod	quōs	quās	quae
Abl.	quō	quā	quō		quibus	

	m	f	n	m	f	n
Nom.	is	ea	id	eī/iī	eae	ea
Gen.		eius		eōrum	eārum	eōrum
Dat.		eī			eīs/iīs	
Akk.	eum	eam	id	eōs	eās	ea
Abl.	eō	eā	eō		eīs/iīs	

Verben

Präsensstamm Aktiv

Infinitiv			vocā-re	monē-re	audī-re	ag-ĕ-re	capĕ-re
Ind. Präs.	Sg.	1. Pers.	voc-ō	mone-ō	audi-ō	ag-ō	capi-ō
		2. Pers.	vocā-s	monē-s	audī-s	ag-i-s	capi-s
		3. Pers.	voca-t	mone-t	audi-t	ag-i-t	capi-t
	Pl.	1. Pers.	vocā-mus	monē-mus	audī-mus	ag-i-mus	capi-mus
		2. Pers.	vocā-tis	monē-tis	audī-tis	ag-i-tis	capi-tis
		3. Pers.	voca-nt	mone-nt	audi-u-nt	ag-u-nt	capi-u-nt
Konj. Präs.	Sg.	1. Pers.	voce-m	mone-a-m	audi-a-m	ag-a-m	capi-a-m
		2. Pers.	vocē-s	mone-ā-s	audi-ā-s	ag-ā-s	capi-ā-s
		3. Pers.	voce-t	mone-a-t	audi-a-t	ag-a-t	capi-a-t
	Pl.	1. Pers.	vocē-mus	mone-ā-mus	audi-ā-mus	ag-ā-mus	capi-ā-mus
		2. Pers.	vocē-tis	mone-ā-tis	audi-ā-tis	ag-ā-tis	capi-ā-tis
		3. Pers.	voce-nt	mone-a-nt	audi-a-nt	ag-a-nt	capi-a-nt
Ind. Impf.	Sg.	1. Pers.	vocā-ba-m	monē-ba-m	audi-ēba-m	ag-ēba-m	capi-ēba-m
		2. Pers.	vocā-bā-s	monē-bā-s	audi-ēbā-s	ag-ēbā-s	capi-ēbā-s
		3. Pers.	vocā-ba-t	monē-ba-t	audi-ēba-t	ag-ēba-t	capi-ēba-t
	Pl.	1. Pers.	vocā-bā-mus	monē-bā-mus	audi-ēbā-mus	ag-ēbā-mus	capi-ēbā-mus
		2. Pers.	vocā-bā-tis	monē-bā-tis	audi-ēbā-tis	ag-ēbā-tis	capi-ēbā-tis
		3. Pers.	vocā-ba-nt	monē-ba-nt	audi-ēba-nt	ag-ēba-nt	capi-ēba-nt
Konj. Impf.	Sg.	1. Pers.	vocā-re-m	monē-re-m	audī-re-m	ag-e-re-m	cape-re-m
		2. Pers.	vocā-rē-s	monē-rē-s	audī-rē-s	ag-e-rē-s	cape-rē-s
		3. Pers.	vocā-re-t	monē-re-t	audī-re-t	ag-e-re-t	cape-re-t
	Pl.	1. Pers.	vocā-rē-mus	monē-rē-mus	audī-rē-mus	ag-e-rē-mus	cape-rē-mus
		2. Pers.	vocā-rē-tis	monē-rē-tis	audī-rē-tis	ag-e-rē-tis	cape-rē-tis
		3. Pers.	vocā-re-nt	monē-re-nt	audī-re-nt	ag-e-re-nt	cape-re-nt
Futur	Sg.	1. Pers.	vocā-b-ō	monē-b-ō	audi-a-m	ag-a-m	capi-a-m
		2. Pers.	vocā-bi-s	monē-bi-s	audi-ē-s	ag-ē-s	capi-ē-s
		3. Pers.	vocā-bi-t	monē-bi-t	audi-e-t	ag-e-t	capi-e-t
	Pl.	1. Pers.	vocā-bi-mus	monē-bi-mus	audi-ē-mus	ag-ē-mus	capi-ē-mus
		2. Pers.	vocā-bi-tis	monē-bi-tis	audi-ē-tis	ag-ē-tis	capi-ē-tis
		3. Pers.	vocā-bu-nt	monē-bu-nt	audi-e-nt	ag-e-nt	capi-e-nt
Imperativ	Sg.		vocā	monē	audī	ag-e	cape
	Pl.		vocā-te	monē-te	audī-te	ag-i-te	capi-te
Partizip Präsens			vocā-ns, -ntis	monē-ns, -ntis	audi-ē-ns, -ntis	ag-ē-ns, -ntis	capi-ē-ns, -ntis

Tabellarium

Verben

Präsensstamm Passiv

		vocā-rī	monē-rī	audī-rī	ag-ī	cap-ī
Infinitiv						
Ind. Präs.	Sg. 1. Pers.	voc-or	mone-or	audi-or	ag-or	capi-or
	2. Pers.	vocā-ris	monē-ris	audī-ris	ág-e-ris	cápe-ris
	3. Pers.	vocā-tur	monē-tur	audī-tur	ág-i-tur	cápi-tur
	Pl. 1. Pers.	vocā-mur	monē-mur	audī-mur	ág-i-mur	cápi-mur
	2. Pers.	vocā-minī	monē-minī	audī-minī	ag-i-minī	capi-minī
	3. Pers.	voca-ntur	mone-ntur	audi-u-ntur	ag-u-ntur	capi-u-ntur
Konj. Präs.	Sg. 1. Pers.	voce-r	mone-a-r	audi-a-r	ag-a-r	capi-a-r
	2. Pers.	vocē-ris	mone-ā-ris	audi-ā-ris	ag-ā-ris	capi-ā-ris
	3. Pers.	vocē-tur	mone-ā-tur	audi-ā-tur	ag-ā-tur	capi-ā-tur
	Pl. 1. Pers.	vocē-mur	mone-ā-mur	audi-ā-mur	ag-ā-mur	capi-ā-mur
	2. Pers.	vocē-minī	mone-ā-minī	audi-ā-minī	ag-ā-minī	capi-ā-minī
	3. Pers.	voce-ntur	mone-a-ntur	audi-a-ntur	ag-a-ntur	capi-a-ntur
Ind. Impf.	Sg. 1. Pers.	vocā-ba-r	monē-ba-r	audi-ēba-r	ag-ēba-r	capi-ēba-r
	2. Pers.	vocā-bā-ris	monē-bā-ris	audi-ēbā-ris	ag-ēbā-ris	capi-ēbā-ris
	3. Pers.	vocā-bā-tur	monē-bā-tur	audi-ēbā-tur	ag-ēbā-tur	capi-ēbā-tur
	Pl. 1. Pers.	vocā-bā-mur	monē-bā-mur	audi-ēbā-mur	ag-ēbā-mur	capi-ēbā-mur
	2. Pers.	vocā-bā-minī	monē-bā-minī	audi-ēbā-minī	ag-ēbā-minī	capi-ēbā-minī
	3. Pers.	vocā-ba-ntur	monē-ba-ntur	audi-ēba-ntur	ag-ēba-ntur	capi-ēba-ntur
Konj. Impf.	Sg. 1. Pers.	vocā-re-r	monē-re-r	audī-re-r	ág-e-re-r	cápe-re-r
	2. Pers.	vocā-rē-ris	monē-rē-ris	audī-rē-ris	ag-e-rē-ris	cape-rē-ris
	3. Pers.	vocā-rē-tur	monē-rē-tur	audī-rē-tur	ag-e-rē-tur	cape-rē-tur
	Pl. 1. Pers.	vocā-rē-mur	monē-rē-mur	audī-rē-mur	ag-e-rē-mur	cape-rē-mur
	2. Pers.	vocā-rē-minī	monē-rē-minī	audī-rē-minī	ag-e-rē-minī	cape-rē-minī
	3. Pers.	vocā-re-ntur	monē-re-ntur	audī-re-ntur	ag-e-re-ntur	cape-re-ntur
Futur	Sg. 1. Pers.	vocā-b-or	monē-b-or	audi-a-r	ag-a-r	capi-a-r
	2. Pers.	vocā-be-ris	monē-be-ris	audi-ē-ris	ag-ē-ris	capi-ē-ris
	3. Pers.	vocā-bi-tur	monē-bi-tur	audi-ē-tur	ag-ē-tur	capi-ē-tur
	Pl. 1. Pers.	vocā-bi-mur	monē-bi-mur	audi-ē-mur	ag-ē-mur	capi-ē-mur
	2. Pers.	vocā-bi-minī	monē-bi-minī	audi-ē-minī	ag-ē-minī	capi-ē-minī
	3. Pers.	vocā-bu-ntur	monē-bu-ntur	audi-e-ntur	ag-e-ntur	capi-e-ntur
Partizip Perfekt Passiv (PPP)		vocā-tus, a, um	moni-tus, a, um	audī-tus, a, um	āc-tus, a, um	cap-tus, a, um
Gerundiv		voca-ndus, a, um	mone-ndus, a, um	audie-ndus, a, um	age-ndus, a, um	capie-ndus, a, um

Verben

Perfektstamm

		Aktiv		Passiv
Inf. Perf. Akt.		vocāv-isse	Inf. Perf. Pass.	vocā-tum esse

Ind. Perf.	Sg. 1. Pers.	vocāv-ī		vocā-tus sum
	2. Pers.	vocāv-istī		vocā-tus es
	3. Pers.	vocāv-it		vocā-tus est
	Pl. 1. Pers.	vocāv-imus		vocā-tī sumus
	2. Pers.	vocāv-istis		vocā-tī estis
	3. Pers.	vocāv-ērunt		vocā-tī sunt

Konj. Perf.	Sg. 1. Pers.	vocāv-erim		vocā-tus sim
	2. Pers.	vocāv-eris		vocā-tus sīs
	3. Pers.	vocāv-erit		vocā-tus sit
	Pl. 1. Pers.	vocāv-erimus		vocā-tī sīmus
	2. Pers.	vocāv-eritis		vocā-tī sītis
	3. Pers.	vocāv-erint		vocā-tī sint

Ind. Plusqpf.	Sg. 1. Pers.	vocāv-eram		vocā-tus eram
	2. Pers.	vocāv-erās		vocā-tus erās
	3. Pers.	vocāv-erat		vocā-tus erat
	Pl. 1. Pers.	vocāv-erāmus		vocā-tī erāmus
	2. Pers.	vocāv-erātis		vocā-tī erātis
	3. Pers.	vocāv-erant		vocā-tī erant

Konj. Plusqpf.	Sg. 1. Pers.	vocāv-issem		vocā-tus essem
	2. Pers.	vocāv-issēs		vocā-tus essēs
	3. Pers.	vocāv-isset		vocā-tus esset
	Pl. 1. Pers.	vocāv-issēmus		vocā-tī essēmus
	2. Pers.	vocāv-issētis		vocā-tī essētis
	3. Pers.	vocāv-issent		vocā-tī essent

Tabellarium

Hilfsverb

		esse Inf. Präs.			fuisse Inf. Perf.	
		Indikativ	Konjunktiv		Indikativ	Konjunktiv
Präsens	Sg. 1. Pers.	su-m	s-i-m	Perfekt	fu-ī	fu-erim
	2. Pers.	es	s-ī-s		fu-istī	fu-eris
	3. Pers.	es-t	s-i-t		fu-it	fu-erit
	Pl. 1. Pers.	su-mus	s-ī-mus		fu-imus	fu-erimus
	2. Pers.	es-tis	s-ī-tis		fu-istis	fu-eritis
	3. Pers.	su-nt	s-ī-nt		fu-ērunt	fu-erint
Imperfekt	Sg. 1. Pers.	er-a-m	es-se-m	Plusquamperfekt	fu-eram	fu-issem
	2. Pers.	er-ā-s	es-sē-s		fu-erās	fu-issēs
	3. Pers.	er-a-t	es-se-t		fu-erat	fu-isset
	Pl. 1. Pers.	er-ā-mus	es-sē-mus		fu-erāmus	fu-issēmus
	2. Pers.	er-ā-tis	es-sē-tis		fu-erātis	fu-issētis
	3. Pers.	er-a-nt	es-se-nt		fu-erant	fu-issent
Futur	Sg. 1. Pers.	er-ō	Part. Fut.			
	2. Pers.	er-i-s	fu-tūrus,			
	3. Pers.	er-i-t	a, um			
	Pl. 1. Pers.	er-i-mus	Inf. Fut.			
	2. Pers.	er-i-tis	fu-tūrum,			
	3. Pers.	er-u-nt	am, um esse			

Andere Verben

		īre Inf. Präs.			īsse Inf. Perf.	
		Indikativ	Konjunktiv		Indikativ	Konjunktiv
Präsens	Sg. 1. Pers.	e-ō	e-a-m	Perfekt	i-ī	i-erim
	2. Pers.	ī-s	e-ā-s		ī-stī	i-eris
	3. Pers.	i-t	e-a-t		i-it	i-erit
	Pl. 1. Pers.	ī-mus	e-ā-mus		i-imus	i-erimus
	2. Pers.	ī-tis	e-ā-tis		ī-stis	i-eritis
	3. Pers.	e-u-nt	e-a-nt		i-ērunt	i-erint
Imperfekt	Sg. 1. Pers.	ī-ba-m	ī-re-m	Plusquamperfekt	i-eram	īssem
	2. Pers.	ī-bā-s	ī-rē-s		i-erās	īssēs
	3. Pers.	ī-ba-t	ī-re-t		i-erat	īsset
	Pl. 1. Pers.	ī-bā-mus	ī-rē-mus		i-erāmus	īssēmus
	2. Pers.	ī-bā-tis	ī-rē-tis		i-erātis	īssētis
	3. Pers.	ī-ba-nt	ī-re-nt		i-erant	īssent
Futur	Sg. 1. Pers.	ī-b-ō				
	2. Pers.	ī-bi-s				
	3. Pers.	ī-bi-t				
	Pl. 1. Pers.	ī-bi-mus				
	2. Pers.	ī-bi-tis				
	3. Pers.	ī-bu-nt				
	PPA	iēns, euntis				

Andere Verben

ferre (Inf. Präs. Akt.) / ferrī (Inf. Präs. Pass.)

			Indikativ	Konjunktiv	Indikativ	Konjunktiv
Präsens	Sg.	1. Pers.	fer-ō	fer-a-m	fer-o-r	fer-a-r
		2. Pers.	fer-s	fer-ā-s	fer-ris	fer-ā-ris
		3. Pers.	fer-t	fer-a-t	fer-tur	fer-ā-tur
	Pl.	1. Pers.	fer-i-mus	fer-ā-mus	fer-i-mur	fer-ā-mur
		2. Pers.	fer-tis	fer-ā-tis	fer-i-minī	fer-ā-minī
		3. Pers.	fer-u-nt	fer-a-nt	fer-u-ntur	fer-a-ntur
Imperfekt	Sg.	1. Pers.	fer-ēba-m	fer-re-m	fer-ēba-r	fer-re-r
		2. Pers.	fer-ēbā-s	fer-rē-s	fer-ēbā-ris	fer-rē-ris
		3. Pers.	fer-ēba-t	fer-re-t	fer-ēba-tur	fer-rē-tur
	Pl.	1. Pers.	fer-ēbā-mus	fer-rē-mus	fer-ēbā-mur	fer-rē-mur
		2. Pers.	fer-ēbā-tis	fer-rē-tis	fer-ēbā-minī	fer-rē-minī
		3. Pers.	fer-ēba-nt	fer-re-nt	fer-ēba-ntur	fer-re-ntur
Futur	Sg.	1. Pers.	fer-a-m		fer-a-r	
		2. Pers.	fer-ē-s		fer-ē-ris	
		3. Pers.	fer-e-t		fer-ē-tur	
	Pl.	1. Pers.	fer-ē-mus		fer-ē-mur	
		2. Pers.	fer-ē-tis		fer-ē-minī	
		3. Pers.	fer-e-nt		fer-e-ntur	
	Part. Präs.		fer-ē-ns, -ntis		PPP lātus, a, um	

fieri (Inf. Präs.) / velle (Inf. Präs.)

			Indikativ	Konjunktiv	Indikativ	Konjunktiv
Präsens	Sg.	1. Pers.	fī-ō	fī-a-m	vol-ō	vel-i-m
		2. Pers.	fī-s	fī-ā-s	vī-s	vel-ī-s
		3. Pers.	fī-t	fī-a-t	vul-t	vel-i-t
	Pl.	1. Pers.	fī-mus	fī-ā-mus	volu-mus	vel-ī-mus
		2. Pers.	fī-tis	fī-ā-tis	vul-tis	vel-ī-tis
		3. Pers.	fī-u-nt	fī-a-nt	volu-nt	vel-i-nt
Imperfekt	Sg.	1. Pers.	fi-ēba-m	fi-ere-m	vol-ēba-m	velle-m
		2. Pers.	fi-ēbā-s	fi-erē-s	vol-ēbā-s	vellē-s
		3. Pers.	fi-ēba-t	fi-ere-t	vol-ēba-t	velle-t
	Pl.	1. Pers.	fi-ēbā-mus	fi-erē-mus	vol-ēbā-mus	vellē-mus
		2. Pers.	fi-ēbā-tis	fi-erē-tis	vol-ēbā-tis	vellē-tis
		3. Pers.	fi-ēba-nt	fi-ere-nt	vol-ēba-nt	velle-nt
Futur	Sg.	1. Pers.	fī-a-m		vol-a-m	
		2. Pers.	fī-ē-s		vol-ē-s	
		3. Pers.	fī-e-t		vol-e-t	
	Pl.	1. Pers.	fī-ē-mus		vol-ē-mus	
		2. Pers.	fī-ē-tis		vol-ē-tis	
		3. Pers.	fī-e-nt		vol-e-nt	
					Part. Präs. vol-ē-ns, -ntis	

Grundzahlen

1 = I	ūnus, a, um	20 = XX	vīgintī
2 = II	duo, duae, duo	30 = XXX	trīgintā
3 = III	trēs, tria	40 = XL	quadrāgintā
4 = IV	quattuor	50 = L	quīnquāgintā
5 = V	quīnque	60 = LX	sexāgintā
6 = VI	sex	70 = LXX	septuāgintā
7 = VII	septem	80 = LXXX	octōgintā
8 = VIII	octō	90 = XC	nōnāgintā
9 = IX	novem	100 = C	centum
10 = X	decem	200 = CC	ducentī, ae, a
11 = XI	ūndecim	300 = CCC	trecentī, ae, a
12 = XII	duódecim	400 = CCCC	quadringentī, ae, a
13 = XIII	trēdecim	500 = D	quīngentī, ae, a
14 = XIV	quattuordecim	600 = DC	sescentī, ae, a
15 = XV	quīndecim	700 = DCC	septingentī, ae, a
16 = XVI	sēdecim	800 = DCCC	octingentī, ae, a
17 = XVII	septendecim	900 = CM	nōngentī, ae, a
18 = XVIII	duodēvīgintī	1000 = M	mīlle
19 = XIX	ūndēvīgintī	2000 = MM	duo mīlia

Ordnungszahlen

prīmus	der erste	vīcēsimus	der 20.
secundus	der zweite	trīcēsimus	der 30.
tertius	der dritte	quadrāgēsimus	der 40.
quārtus	der vierte	quinquagēsimus	der 50.
quīntus	der fünfte	sexāgēsimus	der 60.
sextus	der sechste	septuāgēsimus	der 70.
septimus	der siebte	octōgēsimus	der 80.
octāvus	der achte	nōnāgēsimus	der 90.
nōnus	der neunte	centēsimus	der 100.
decimus	der zehnte	ducentēsimus	der 200.
ūndecimus	der elfte	trecentēsimus	der 300.
duodecimus	der zwölfte	quadringentēsimus	der 400.
tertius decimus	der dreizehnte	quīngentesimus	der 500.
quārtus decimus	der vierzehnte	sescentēsimus	der 600.
quīntus decimus	der fünfzehnte	septingentēsimus	der 700.
sextus decimus	der sechzehnte	octingentēsimus	der 800.
septimus decimus	der siebzehnte	nōngentēsimus	der 900.
duodēvīcēsimus	der achtzehnte	mīllēsimus	der 1000.
ūndēvīcēsimus	der neunzehnte		

Die Ordnungszahlen werden dekliniert wie die Adjektive der a-/o-Deklination.

anno post Christum natum (p. Chr. n.) septingentesimo   im Jahre 700 n. Chr.

Anders als im Deutschen stehen die Ordnungszahlen im Lateinischen zur Angabe von Jahreszahlen.

Grammatisches Register

Die folgenden Zahlen beziehen sich auf die Lektionen:

Ablativ (6. Fall)	3
als Adverbiale	3
des Mittels	3
der Beschaffenheit	30
des Grundes	4
des Vergleichs	28
der Zeit	15
Ablativus absolutus	26, 27
Adjektive (Eigenschaftswörter)	10
als Attribut	10
als Prädikatsnomen	10
der a-/o-Deklination	10
der 3. Deklination	
einendige	17
zweiendige	17
dreiendige	13
Steigerung	28
Adverbiale (Umstandsbestimmung)	2
Ablativ als A.	3
Adverb als A.	18
Gliedsätze als A.	13
Präpositionalausdruck als A.	2
Adverbien	18
Bildung	18
Steigerung	28
Akkusativ (4. Fall)	2
als Objekt	2
doppelter Akk.	28
Akkusativ mit Infinitiv	14
AcI als satzwertige Konstruktion	14
Pronomina im AcI	15
Aktiv s. Verben – Aktiv	
Attribut (Beifügung)	6
Adjektiv als A.	10
Genitiv als A.	6
Relativsatz als A.	12
Dativ (3. Fall)	7
als Objekt	7
des Besitzers	7
des Vorteils	30
des Zwecks	30
Dativus auctoris	35
Deklination (Beugung des Substantivs)	1
Deklinationsklassen	1
a-/o-Dekl.	
Substantive	1
Adjektive	10
3. Dekl.	
Substantive	1
Adjektive	13, 17
Genera	8
e-Dekl.	25
u-Dekl.	25
Deponentien (Verben mit akt. Bedeutung u. pass. Formen)	24
Finalsätze (Absichtssätze)	33
Fragesätze	
direkte Fragesätze (Wort- und Satzfragen)	17
indirekte Fragesätze (Wort-, Satz- und Wahlfragen)	33
Füllungsarten	35
Genera (grammatische Geschlechter)	1
natürliches Geschlecht	8
3. Deklination	8
Genitiv (2. Fall)	6
als Attribut	6
der Beschaffenheit	30
der Zugehörigkeit	6, 29
Genitivus partitivus	29
Genitivus subiectivus/obiectivus	25
Genus verbi (Überbegriff für Aktiv-Passiv)	20
Gerundium	32
Gerundivum	
attributives G.	32
prädikatives G.	35
Gliedsätze	13, 33

Imperativ (Befehlsform)	5
Indikativ (Wirklichkeitsform)	31
Infinitiv (Grundform)	1
Infinitiv Präsens Aktiv	1
Infinitiv Präsens Passiv	20
Infinitiv Perfekt Aktiv	14
Infinitiv Perfekt Passiv	21
Infinitiv Futur Aktiv	34
Infinitiv der Gleichzeitigkeit	14
Infinitiv der Vorzeitigkeit	14
Infinitiv der Nachzeitigkeit	34
Kasus (Fälle)	1
Ablativ	3
Akkusativ	2
Dativ	7
Genitiv	6
Nominativ	1
Vokativ	1
Kausalsätze (Gliedsätze, die einen Grund angeben)	13, 33
Komparativ (Steigerungsstufe)	28
Konditionalsätze (Bedingungssätze)	13, 33
Kongruenz (Übereinstimmung)	1
KNG-Kongruenz	10
NG-Kongruenz	12
Konjugation (Beugung des Verbs)	1
Konjugationsklassen	1, 8
a-/e-Konjug.	1
i-Konjug.	1
kons. Konjug.	1
kons. Konjug. (i-Erweiterung)	8
Konjunktiv (Möglichkeitsform)	31
Konj. Imperfekt	31
Konj. Plusquamperfekt	31
Konj. Präsens	33
Konj. Perfekt	33
in indir. Fragesätzen	33
in Hauptsätzen	31, 34
Irrealis	31
Hortativ, Jussiv, Optativ	34
Prohibitiv	34

Konsekutivsätze (Folgesätze)	33
Konzessivsätze (Gliedsätze, die einen Gegengrund angeben)	13, 33
Modus (Aussageweise)	31
Nominativ (1. Fall)	1
Numerus (Singular-Plural)	1
Objekt (Satzergänzung)	2
Partizip	
Partizip Präsens Aktiv	23
Partizip Perfekt Passiv	21
Partizip Futur Aktiv	34
Partizip Perfekt der Deponentien	24
Partizip der Gleichzeitigkeit	23
Partizip der Vorzeitigkeit	21
Partizip der Nachzeitigkeit	34
als Adverbiale (Überblick)	23
Participium coniunctum	21, 23, 34
Ablativus absolutus	26, 27
Passiv (Leideform) s. Verben – Passiv	
Perfektbildung	9
u-Perfekt	9
v-Perfekt	9
s-Perfekt	11
Dehnungsperfekt	11
Reduplikationsperfekt	11
ohne Stammveränderung	11
Perfektstamm	9
Plural (Mehrzahl)	1
Prädikat (Satzaussage)	1
Prädikativum	10
Prädikatsnomen	
Substantiv als P.	1
Adjektiv als P.	10
Präposition (Verhältniswort)	2
Präpositionalausdruck als Adverbiale	2
Verwendung der Präpositionen	3
Präsensstamm	9

Pronomina (Fürwörter)	8
aliquis	29
hic, ille	22
idem	27
ipse	24
is	13
iste	22
Interrogativpronomen (Fragendes Fürwort)	17
Personalpronomen (Persönliches Fürwort)	8
Reflexivpronomen (Rückbezügl. Fürwort)	15
Relativpronomen (Bezügliches Fürwort)	12
im AcI	15
Relativer Satzanschluss	12
Relativsatz als Attribut	12
Satzwertige Konstruktionen	14
Ablativus absolutus	26, 27
AcI	14
nd-Formen (Gerundium, Gerundivum)	32
Participium coniunctum	21, 23
Singular (Einzahl)	1
Sinnrichtung	13, 23, 27
Stammformen	21
Subjekt (Satzgegenstand)	1
Subjunktion (unterordnendes Bindewort)	13
Substantiv (Hauptwort)	1
Substantiv als Prädikatsnomen	1
Superlativ (Höchststufe)	28
Tempora (Zeiten)	16
Präsens (Gegenwart)	1
Futur (Zukunft)	19
Imperfekt (1. Vergangenheit)	16
Perfekt (2. Vergangenheit)	9
Plusquamperfekt (3. Vergangenheit)	18
historisches (dramatisches) Präsens	16
in erzählenden Texten	16

Temporalsätze (Gliedsätze, die eine Zeitbestimmung angeben)	13, 33
Verb (Zeitwort)	1
Hilfsverb (esse)	1
transitive / intransitive Verben	2
Verben – Aktiv	
a-/e-/i-/kons. Konjugation	1
kons. Konjugation (i-Erweiterung)	8
andere Verben	
esse, posse	1, 9
ferre	30
fieri	35
ire	16
velle, nolle	5
Verben – Passiv	20, 21
Vokativ (5. Fall)	1
Wortstamm	6
Substantive der 3. Dekl.	6, 7
Zeitverhältnisse	
Gleichzeitigkeit	14, 23
Vorzeitigkeit	14, 21
Nachzeitigkeit	34